FINANZAS CANALLAS

FINANZAS CANALLAS

Todo lo que necesitas saber sobre el dinero y la inversión sin esfuezo

Álvaro Martínez-Marco
Marco Pozzi

Planeta

Título original: *Finanzas canallas*

Av. Diagonal, 662-664, 08034 Barcelona (España)
www.editoriaplaneta.es
www.planetadelibros.com

Diseño de interior: J. Mauricio Restrepo
Ilustraciones de interior: © J. Mauricio Restrepo

Primera edición: marzo de 2026
Depósito legal: B. 350-2026
ISBN: 978-84-08-31718-0
Composición: David Pablo
Impresión y encuadernación: CPI Black Print
Printed in Spain - Impreso en España

PEFC Certificado
Este libro procede de bosques gestionados de forma sostenible
PEFC
PEFC/14-38-00305
www.pefc.es

A quienes me seguís levantando
a diario. Gracias por esa fuente
de inspiración inmensa para seguir
reinventándome. Y a ti, Marco,
mi coautor y compañero de batallas.
Esta es una más de muchas por venir.

Álvaro

A mis hijos, mi motor.
A los emprendedores que luchan
cada día. Y a ti, Álvaro, mi socio,
por compartir conmigo este camino.
Gracias por elevarme para convertir
ideas en proyectos tangibles. Ciao.

Marco

ÍNDICE

PARTE III

PRÓLOGO

La microeconomía canalla: sin corsés ni complicaciones

OLVÍDATE DE LOS CURSOS de gurús financieros que venden castillos de naipes y de esos escenarios de lujo de postal. Aquí no encontrarás corbatas de seda ni yates de cartón piedra: vamos directos al meollo de la microeconomía, servida en bandeja con ejemplos tan cotidianos que te los tragarás de un bocado sin necesidad de masticar.

No te vas a tropezar con teorías imposibles ni jerga sacada de un manual polvoriento; aquí diseccionaremos conceptos como las *dotaciones iniciales* (con lo que empiezas el juego) y las *funciones de utilidad* (lo que te hace feliz), mientras apuramos la última cerveza y ese dilema existencial de si pedir otra ración de croquetas caseras o lanzarse a por unas gambas al ajillo que gritan tu nombre. Parece una decisión trivial, ¿verdad? Pues ahí, justo en ese instante de duda gastronómica, está el jodido epicentro de la *tasa marginal de sustitución*. Cuando ese colega tuyo, con cara de póker y la cerveza a medio terminar, suelte la pregunta del millón: «¿Cuántas cañas estarías dispuesto a dejar de beber para poder comerte un plato de jamón ibérico?», es cuando entenderás la verdadera magia del asunto: compararás la utilidad marginal de cada caña fresquita con la del jamón y descubrirás, casi por instinto, la respuesta óptima. Te lo adelantamos: casi siempre el jamón sale victorioso, porque su valor intrínseco, ese placer casi carnal del paladar, supera con creces las cifras que aparecen en la carta.

Bienvenido a la microeconomía que, por fin, se disfruta sin remordimientos ni quebraderos de cabeza. Una ciencia que abandona las aulas acartonadas para servirse en platos de barro sobre mesas de madera desgastada.

Así que prepara tus neuronas y afina ese paladar exigente que tienes. Aquí el aprendizaje se sirve caliente, sin guarnición de tecnicismos y con ese sabor canalla que te hará volver a pedir otra ronda.

Porque al final del día, amigo mío, entender la economía no debería ser un privilegio de élites con traje, sino el derecho de cualquiera que sepa distinguir entre una buena y una mala inversión... Ya sea en bolsa o en la barra del bar de la esquina.

Si te gustan las historias con sustancia, el humor con chispa y las verdades que duelen menos porque van envueltas en ironía, este libro es para ti. Ponte cómodo, deja el móvil y acompáñanos. Arrancamos.

PREFACIO

Microeconomía para vagos: conseguir más con menos esfuerzo

DICEN GAITÁN MÉNDEZ y medio ejército de economistas trajeados con gafas de pasta que la Economía es la ciencia social que se ocupa de cómo las personas e instituciones administran los recursos disponibles y limitados para satisfacer necesidades ilimitadas.[1] Suena serio, ¿verdad?

Pues aquí vamos a despojar esa definición de corbata y colocarla en la barra del bar, donde exprimiremos cada céntimo como si fuera la última gota de limón sobre unas rabas crujientes recién salidas de la freidora.

Porque, seamos francos, en tus finanzas no basta con el viejo mantra manido de «compra barato, vende caro». La vida económica es un puñetero interrogatorio donde

1 Gaitán Méndez, J. E. (2020). *Microeconomía básica en siete lecciones*. Editorial Uniagustiniana.

debes hacerte las cinco preguntas de oro sin pestañear ni una sola vez: ¿qué producir?, ¿para quién?, ¿cómo lo vas a hacer?, ¿hasta dónde? y ¿cuándo?

Cada respuesta que des es un pulso encarnizado entre deseos irrefrenables y renuncias dolorosas: si hundes todo tu dinero en las acciones de una sola compañía —por muy prometedora que parezca—, estás dejando escapar la oportunidad de diversificar en bonos, oro o ese *exchange traded funds* (ETF o fondo cotizado en bolsa) misterioso del que hablan los gurús con fervor religioso en sus canales de YouTube.

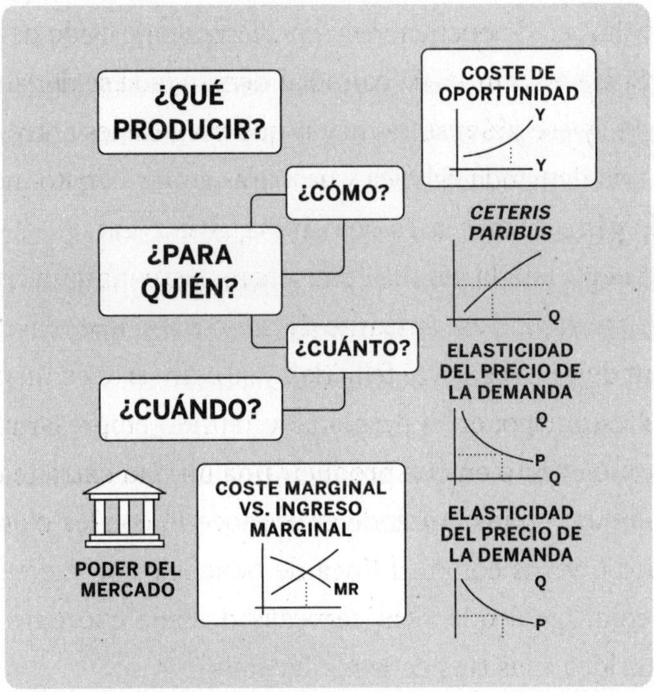

El ciclo de la producción y sus variables microeconómicas.

Antes creías que el juego económico se limitaba a los chiringuitos de playa, ¿verdad? Pues prepárate para montar tu propio puesto en la arena: vamos a detectar desequilibrios con olfato de sabueso, a pillar al listo que intenta colarte gato por liebre en una transacción y a sacarte el permiso de pesca financiera antes de que vuelva a subir la marea de la inflación y te pille con los bolsillos vacíos.

Piensa en la elasticidad del precio de la demanda como el termómetro infalible de tu chiringuito de playa: si subes el tique un 10% y la demanda se desploma un 20%, mala señal, colega, muy mala señal. En la bolsa funciona exactamente igual: mides con precisión quirúrgica la respuesta del volumen de operaciones ante cada alza o caída de precio. Si al subir un x% la cantidad demandada se derrumba un y% (y ese y% resulta mayor que x%), tienes entre manos una demanda elástica y acabarás con el carrito medio vacío y la cara más larga que un día sin cerveza.

Luego está la batalla épica entre coste marginal e ingreso marginal, ese instante decisivo en el que el último dónut deja de regalarte felicidad y se convierte en un peso en el estómago; en el despiadado mundo empresarial, es el punto exacto en que producir una unidad extra te deja en números rojos. Aprende a reconocerlo con los ojos cerrados o verás cómo tu línea de beneficios se tuerce sin remedio, igual que esas cervezas de más que parecían buena idea a las tres de la madrugada.

Y no olvides el poder de mercado: si te conviertes en el

único cabrón que vende churros sin gluten en toda la ciudad, sujetas el precio a tu antojo como un titiritero experimentado. Eso se traduce en monopolios u oligopolios capaces de hinchar márgenes hasta límites obscenos y levantar barreras infranqueables para el resto de los competidores, que se quedan fuera mirando con envidia a través del cristal.

Al final del día, invertir con cabeza no es simplemente clavar la vista en un *price-to-earnings ratio* (PER, un indicador que te dice si una acción está cara o barata comparando su precio con sus beneficios) y darle al botón de compra; es diseccionar hasta el mínimo tornillo de la estructura de costes como un cirujano obsesivo, escudriñar a la competencia como si fuera tu ex (localizando cada fallo y debilidad con precisión milimétrica) y anticipar cómo un movimiento aparentemente insignificante de tipos de interés (el precio del dinero, lo que te cobra el banco por prestarte o lo que te paga por guardar tu pasta), una subida del salario mínimo o una sanción pueden arrasarte el chiringuito en cuestión de horas.

Bienvenido a la barra libre del conocimiento económico, donde las copas se sirven sin dilución. Porque la microeconomía para vagos no consiste en hacer menos, sino en conseguir más con el mismo esfuerzo. Y esa, amigo mío, es probablemente la lección más valiosa que puedas aprender mientras apuras tu cerveza: que la verdadera inteligencia económica no reside en trabajar como un burro, sino en hacer que cada gota de sudor cuente como si fuera oro líquido.

PARTE I

El ring callejero de la economía

ARRANCAREMOS CON TRES reportajes que te sacarán de la teoría y te plantarán en la trinchera: el banquero como villano moderno, el empresario nocturno que es un economista sin saberlo y el taxista del aeropuerto que hace arbitraje como si fuera un banco de inversión con licencia municipal. No es casualidad. Los tres primeros capítulos te permitirán adentrarte en la vida real de la economía y te demostrarán que esta no vive en gráficos ni en trabajos académicos, sino en el barro, en la noche, en el timo y en la supervivencia diaria.

El banquero te mostrará la concentración del poder y sus miserias. El empresario nocturno te enseñará microeconomía pura: oferta, demanda, márgenes o toma de decisiones en tiempo real, bajo presión. Y el taxista del aeropuerto te revelará la picardía como estrategia de negocio, la búsqueda de rentas disfrazada de servicio público. Son tres caras de un mismo dado:

con el que funciona realmente el sistema cuando nadie mira.

Estos capítulos te dirán: «Olvídate de la fantasía del mercado perfecto. Aquí circula información asimétrica, monopolios de facto, trampas legales y supervivientes que optimizan sin haber leído a Nash. La economía es conductual, visceral, canalla. Y si no entiendes eso desde el minuto uno, todo lo que venga después —teorías, modelos, estrategias— será puro humo».

Esta primera parte será tu bautismo de fuego: saldremos a la calle, veremos cómo se las gasta el capitalismo de barrio y volveremos con los ojos abiertos y las ilusiones rotas. Y después, cuando ya tengamos los pies en el fango, podremos pasar a ámbitos concretos donde el dinero se mueve, se apuesta, se pierde y se blanquea con champán y aplausos.

CAPÍTULO 1

El banquero: un moderno villano

IVÁN DE LA BELLA

Es estadístico de profesión y banquero por accidente, una carrera que empezó sin plan y que lleva ya veinticinco años demostrando que las casualidades también pueden pagar las facturas. A sus cuarenta y cinco años sigue convencido de que los números son más fiables que muchas opiniones, y quizá por eso disfruta ayudando a la gente a no destrozar sus finanzas con decisiones impulsivas.

No es el villano que algunos imaginan cuando escuchan la palabra «banquero», sino alguien que solamente intenta evitar que otros se estampen contra la misma pared financiera contra la que él ve estamparse a muchos cada día desde dentro. No hace nada épico, nada heroico: solo es alguien que usa los números para que la vida económica duela un poco menos.

VAMOS A SER SINCEROS: cuando miras tu extracto bancario a fin de mes y ves esos números bailando como si tuvieran vida propia, no estás ante un error informático. Estás contemplando el arte sutil de la banca, un juego donde algunos conocen todas las reglas y el resto intenta descifrarlas mientras su dinero hace el *moonwalk* hacia territorios desconocidos. Uno de esos hombres que conocen las reglas es Iván de la Bella. Y cuando te suelta ese incómodo «te lo dije», suena exactamente igual que cuando tu madre te advertía de que esa chica escondía algo que no le daba buena espina: no es satisfacción, es resignación. Porque él ya vio venir el golpe cuando tú todavía estabas convencido de que aquello era una oportunidad única.

EL ARTE DE ENTENDER LO QUE FIRMAS

En las películas, el villano siempre es un personaje obvio: tiene una risa malévola y un plan para dominar el mundo. En la vida real, el sistema financiero es como una partida de ajedrez donde algunos juegan con todas las piezas y tú apenas distingues un peón de un alfil. No es que el banquero sea malo, es que sabe jugar mejor que tú.

¿Te ha pasado alguna vez que has firmado un producto financiero tan complejo que necesitarías cuatro carreras para entenderlo? Igual que cuando compras un mueble de IKEA con instrucciones en sueco, acabas con algo que no se parece en nada a lo que viste en el catálogo, te sobran piezas y no sabes cómo desmontarlo. Pero tranquilo, que en la letra pequeña (esa que requiere microscopio electrónico) estaba todo perfectamente explicado. Como suele decir Iván cuando alguien llega indignado a su despacho: «Lo de que la sociedad financiera estaba domiciliada en un paraíso fiscal y que para reclamar ya sabes lo que tienes que hacer... también venía ahí». El problema no es que no estuviera escrito: es que nadie pensó que aquello importara.

EL CUENTO DE LA TRIPLE B: «BUENO, BONITO Y BARATO»

Cuando se trata de inversiones, los españoles somos como niños en una tienda de chuches: queremos que sepan bien, que tengan colores bonitos y que nos den muchas por un euro. Buscamos el chollo inversor como quien busca pareja en una discoteca a las cuatro de la mañana: con más esperanza que criterio.

El banquero experimentado sonríe discretamente cuando escucha a alguien buscando inversiones «buenas, bonitas y baratas». Es lo mismo que pretender encontrar un piso en Malasaña por trescientos euros, con terraza y sin vecinos fiesteros. Mientras tú sueñas con este unicornio financiero, los profesionales están analizando el equilibrio entre riesgo, rentabilidad y plazo, que es donde realmente está el meollo del asunto.

RIESGO, RENTABILIDAD Y PLAZO: EL TRIÁNGULO DE LAS BERMUDAS FINANCIERO

Este es el secreto que no suele explicarse: el triángulo de las Bermudas financiero de la inversión. Todo se reduce a tres palabras: *riesgo*, *rentabilidad* y *plazo*. Funciona como las ofertas del supermercado: «Elige dos y olvídate de la tercera».

1. **Rentabilidad alta + riesgo bajo:** ¿quieres ganar mucho sin arriesgar? Perfecto, pero tu dinero tendrá que estar quieto mucho tiempo (décadas). Es la opción del inversor paciente.
2. **Rentabilidad rápida + riesgo alto:** ¿quieres duplicar tu dinero antes del verano? Estupendo, pero prepárate para un riesgo más alto que el que corre un funambulista borracho. Puedes ganar mucho o perderlo todo.
3. **Seguridad + rapidez:** ¿quieres tu dinero seguro y disponible para mañana? Maravilloso, pero la rentabilidad será más baja que el interés de un adolescente por fregar los platos (por ejemplo, una cuenta de ahorro tradicional).

El riesgo es como esos parientes lejanos que aparecen cuando menos te lo esperas: siempre está ahí, aunque no lo veas. La rentabilidad es ese postre que te prometen en el menú y luego resulta ser más pequeño de lo que imaginabas. «Es que la inflación se ha comido el merengue», te explicarán con cara seria.

Y el plazo... Ah, el plazo es esa dieta que siempre empiezas «el lunes que viene». El banquero profesional sabe que tu paciencia inversora dura menos que un helado en agosto. Mientras tú quieres ver resultados antes de que acabe la serie que estás viendo en Netflix, él piensa en ciclos que duran décadas, como quien planta un olivo sabiendo que sus nietos disfrutarán de las aceitunas.

LA CULTURA DEL PELOTAZO: NUESTRA ASIGNATURA PENDIENTE

El pelotazo es la fantasía húmeda del inversor español: rápido, intenso y luego... Bueno, como muchas cosas rápidas e intensas, suele acabar en decepción. Es ese momento en que compraste acciones de una empresa porque tu cuñado te dijo que «iban a subir como la espuma», y efectivamente subieron... justo después de que tú vendieras en estado de pánico.

Mientras el inversor medio sueña con hacerse rico de la noche a la mañana, el banquero profesional construye su patrimonio ladrillo a ladrillo, como una hormiguita con calculadora y traje a medida. Y cuando llega la tormenta (que siempre llega), unos tienen refugio y otros están empapados explicando en el bar por qué su sistema «infalible» ha fallado esta vez.

LA NIEBLA INFORMATIVA: NAVEGAR EN UN MAR DE DATOS

¿Has intentado alguna vez entender las noticias económicas? Cuando intentas seguir una telenovela turca sin subtítulos sabes que hay drama, pero no entiendes exactamente quién está traicionando a quién. Nos bombardean con datos, gráficos y términos que parecen sacados de un manual de astrofísica: «El diferencial de tipos ha provocado una inversión en la curva de rendimientos». ¿Y eso en cristiano qué significa? Pues que algo va a subir, o a bajar, o a quedarse igual, dependiendo de otros factores que tampoco te explican.

Esta abundancia de información no es casual. ¿Has ido alguna vez al supermercado hambriento? Hay tantas opciones que acabas llevándote lo que más brilla, que no suele ser ni lo más nutritivo ni lo más económico. Pues es lo mismo...

EL CUÑADO INVERSOR: EL ORÁCULO DEL COCHINILLO

Y entonces aparece tu cuñado Paco, ese que en la comida familiar te cuenta entre bocado y bocado cómo ha multiplicado su dinero. «Mete todo en esta empresa tecnológica que me ha recomendado el primo de un compañero de trabajo», te sugiere con la seguridad de quien acaba de descubrir la fórmula de la Coca-Cola. El mismo que hace dos años te habló de un negocio «revolucionario» de granjas verticales y ahora cambia de tema cuando se lo mencionas.

¿Y sabes quién observa este espectáculo con una mezcla de diversión y preocupación? Exacto, el banquero profesional. Porque mientras tú y tu cuñado debatís sobre si el próximo pelotazo está en las energías renovables o en la inteligencia artificial, él ha diversificado sus inversiones como quien no quiere que se le queme nada en la barbacoa: vigilando cada pieza con atención meticulosa.

LAS TECNOFINANZAS: EL SISTEMA TRADICIONAL CON ZAPATILLAS DE DEPORTE

Y cuando parece que el panorama financiero es impenetrable, llegan las tecnofinanzas (FinTech), cual vendedor de enciclopedias a domicilio: «¡Revolución! ¡Todo va a cambiar!». Te promete lo mismo que esos anuncios de cremas antiedad: resultados espectaculares sin esfuerzo.

Pero bajo esa fachada de *startups* modernas con oficinas de diseño y nombres que parecen trabalenguas en inglés, encontramos la misma lógica financiera de siempre, solo que vestida con vaqueros rotos y montada en patinete eléctrico. Como esos restaurantes que llaman *deconstrucción de tortilla* a unos huevos revueltos con patatas: pagas más por lo mismo con un nombre más sofisticado.

EL MITO DE INVERTIR COMO WARREN BUFFETT

«Sigue los pasos de Warren Buffett», escuchas por todas partes, como si fuera tan sencillo como seguir una receta de sangría. Lo que no te explican es que Buffett tiene la paciencia de un taxidermista, un capital equivalente al producto interior bruto (PIB) de un país mediano y que comenzó a invertir cuando los dinosaurios aún paseaban por Nebraska.

Intentar replicar su estrategia con tus cinco mil euros ahorrados se parece a pretender ganar la Champions League con el equipo de fútbol de tu barrio. No digo que sea imposible, pero vas a necesitar más milagros que apariciones marianas en un año bisiesto.

CONCLUSIÓN: ENTENDER EL JUEGO SIN DEJARSE LA PIEL

Al final, el sistema financiero no es ni bueno ni malo: es un juego con reglas complejas en el que gana quien mejor las entiende. El banquero no es un villano con capa, sino alguien que ha dedicado su vida a dominar esas reglas, como ese amigo que siempre te gana al pádel porque entrena tres veces por semana mientras tú solo juegas en las barbacoas familiares.

¿La solución? No es convertirte en un lobo de Wall Street, ni memorizar ecuaciones financieras mientras duermes. Es entender que el dinero es como la salud: resulta fundamental, pero no lo es todo. Y, sobre todo, comprender que las finanzas siguen las mismas reglas que la cocina: necesitas buenos ingredientes, paciencia y seguir una receta probada. Si intentas improvisar sin conocimientos, acabarás con una masa pegajosa que ni tú mismo querrás probar.

Así que la próxima vez que hables con un profesional financiero, recuerda: no estás ante un tahúr que quiere quedarse con tu dinero, sino ante alguien que puede ayudarte a navegar en un mar donde la mayoría nada con flotadores de plástico mientras él controla un yate. La diferencia no está en la suerte, sino en el conocimiento. Y eso, querido lector, es algo que va mucho más allá de lo «bueno, bonito, barato»: simplemente, es la realidad del juego financiero.

CAPÍTULO 2

Luces, márgenes y noche: microeconomía desde la cabina

PERE ASPINALL

Emprendedor por vocación y sin manual de instrucciones. Su carrera empezó sin mapa, demostrando que las curvas inesperadas enseñan más que cualquier línea recta. A sus treinta años, tiene claro que el criterio se afila en la trinchera, en la velocidad y en los errores de quien se atreve.

No se rinde, pero no por romanticismo, sino por pura estadística. En este juego infinito no gana el genio, gana el terco. Esto no va de inspiración, va de resistencia: triunfa quien sigue de pie cuando los demás ya se han marchado.

CONTRATOS INDIOS

Mientras el cielo de Bombay se teñía de naranja en un amanecer de marzo, Pere firmaba los documentos que le convertirían en el primer occidental en poseer un club nocturno de cinco plantas en el corazón financiero de la India. A su derecha, un empresario local con un Rolex más grande que su muñeca. A su izquierda, un funcionario del Gobierno indio que parecía más interesado en la próxima fiesta que en la legalidad de los papeles en los que estampaba sellos oficiales.

¡Y pensar que cuarenta y ocho horas antes estaba en Arabia Saudí, haciendo de panelista junto a un DJ de prestigio internacionalmente conocido en una conferencia organizada por el Gobierno!

El dinero, como el agua, siempre encuentra su camino. Y ese camino llevó a Pere Aspinall a Bombay, donde doscientos millones de jóvenes indios de clase media emergente comenzaban a tener dinero para gastar y ningún lugar donde tirarlo que no fueran los mismos cinco clubes mediocres controlados por un monopolio local.

¿Cómo coño un chaval de barrio que empezó pinchando en una nevera industrial reconvertida en antro acabó cerrando contratos internacionales? La respuesta es tan simple como aterradora: entendió que la economía real no se juega en los gráficos pulidos de Bloomberg, sino en las barras de los bares a las tres de la madrugada, donde cada copa vendida es un ejercicio perfecto de fijación de precios y propuesta de valor.

No solo eso. Tres meses después de la firma en Bombay, un magnate le ofreció comprar el 30% de un club de fútbol de segunda división. Su argumento: «Pere, el fútbol y las discotecas son negocios hermanos. Ambos venden emociones efímeras a precios prémium y tienen costes fijos brutales». Le dijo que no, pero no por falta de ambición: simplemente sabe reconocer cuándo está ante una propuesta de diversificación de cartera y cuándo ante una propuesta sospechosa.

Estos episodios podrían parecer anécdotas exóticas, pero son la punta visible del iceberg de lo que realmente significa gestionar el negocio de la noche a escala global. Un universo donde las leyes de la oferta y la demanda se cumplen con la misma precisión que en Wall Street, pero sin trajes de Armani y con mucho más sudor.

EL *TIMELINE* EN LA NOCHE

Dicen que en economía, como en la vida, el primer millón es el más difícil. En el caso de Aspinall, fue el primer evento rentable.

Corría 2020, el sector de la hostelería en España se desangraba en la crisis por el COVID-19, y él invertía sus últimos doscientos euros en unos altavoces que sonaban a cacharro de hojalata. Era el peor momento para emprender y el mejor para intentarlo, porque cuando todo el mundo está paralizado por el miedo, los huecos de mercado se ensanchan como grietas en un terremoto.

El primer evento en un sótano maloliente del Poblenou barcelonés generó mil euros de beneficio. No parece gran cosa, pero representaba un retorno de la inversión (ROI) del 500% en una sola noche. «Intenta conseguir eso en la bolsa, listillo», dice, y sonríe.

Los siguientes tres eventos fueron un desastre. Perdió todo lo ganado y más. La curva de aprendizaje en la noche es empinada y resbaladiza como una pista de esquí para principiantes. Pero de cada error surge una lección cristalina: «No hay valor real en el producto, sino en la escasez percibida de este».

La primera discoteca «legal» de Pere Aspinall llegó en 2019. Un local de doscientos metros cuadrados en la montaña, cerca del Tibidabo. El alquiler era absurdo (quince mil euros mensuales), pero la ubicación garantizaba un flujo constante de turistas con las tarjetas de crédito más calientes que sus ganas de fiesta.

El primer año facturó 1,2 millones con un margen neto del 22%. Los libros de gestión empresarial dirían que era un negocio excelente. La realidad: él apenas podía dormir pensando en las veinticinco nóminas que dependían de que cada fin de semana llenaran la sala.

Ibiza fue el punto de inflexión, el momento en que

su pequeña operación barrial creció hasta convertirse en una bestia financiera. Una residencia en una de las discotecas más famosas de la isla, montada con cincuenta mil euros prestados y mucho morro, dejó un beneficio limpio de ciento veinte mil euros en tres semanas. El multiplicador de capital funcionó con una precisión suiza: cada euro invertido generó 2,4 euros de retorno neto.

Después vino París, y luego Londres. En 2021 ya organizaba eventos en tres continentes y la facturación superaba los dos millones anuales. En 2022, con la pandemia ya en el espejo retrovisor, consiguió el hito que le permitiría dormir tranquilo: ya generaba suficiente liquidez para autofinanciar cualquier proyecto nuevo sin depender de inversores externos.

Y entonces llegó Casa Très+1, y el salto definitivo al mercado asiático. Pero esa es otra historia, una que involucra fondos de inversión de Singapur, a jeques árabes enamorados de la música electrónica y un concepto revolucionario: la *commoditización del lujo nocturno*. Es decir, convertir experiencias exclusivas de ocio (discotecas de élite, clubes vips) en productos estandarizados y replicables globalmente, como si fueran franquicias de McDonald's pero con champán. Del ambiente propio e irrepetible se pasa a la estandarización: grandes fondos de inversión (de Singapur, jeques árabes) compran marcas de clubes famosos y las replican en veinte ciudades. Mismo nombre, mismo diseño, mismos DJ rotando, misma experiencia «prémium». Es lo que ha sucedido con Pacha (nacida en Sitges, pero ahora en medio mundo) o con Ushuaia.

Resultado: el lujo pierde exclusividad real, se vuelve predecible y escalable. Los inversores ganan industrializando lo que antes era único, y tú pagas por una «exclusividad» que ya no es tan exclusiva, porque hay quince copias del mismo club por el mundo.

Aquel chaval empezó pinchando en una nevera industrial y ahora gestiona una estructura empresarial presente en doce países. El camino ha sido cualquier cosa menos lineal, pero se resume en una simple ecuación:

> (Riesgo calculado × oportunismo táctico)
> + reinversión agresiva = crecimiento exponencial

CÓMO FUNCIONA REALMENTE EL NEGOCIO DE LA NOCHE

Olvidaos de los vídeos de Instagram con botellas de champán y chicas guapas. Eso es el escaparate, el reclamo para que entréis en la tienda. La maquinaria real del negocio nocturno es tan poco glamurosa como efectiva, y se parece más a un complejo modelo econométrico que a una fiesta.

«

La economía de la noche se basa en aprovechar la irracionalidad temporal inducida por el ambiente.

»

Traducido a cristiano: la gente está dispuesta a pagar precios absurdos cuando las luces están bajas y el ritmo alto. Y este principio básico es el que sustenta todo el modelo de negocio.

Un club mediano típico tiene cuatro fuentes principales de ingresos, cada una con su propia elasticidad precio-demanda:

- **Entradas.** Representan entre el 20% y el 40% de los ingresos totales. El margen es casi del 90%, ya que los costes directos (pulseras, personal de puerta) son ridículos comparados con el precio de venta. Una entrada que cuesta producir 1,20 euros puede venderse tranquilamente por veinte, treinta o cincuenta euros, dependiendo del DJ y la exclusividad percibida del evento.
- **Bebidas.** Son el verdadero motor económico. Suponen entre el 50% y el 70% de la facturación. Aquí los márgenes varían: desde el 300% en cervezas y chupitos hasta el escandaloso 1.000% en botellas de vodka prémium. Sí, esa botella de Grey Goose por la que

pagas trescientos euros tiene un coste mayorista de veintisiete euros.

- **Mesas vips.** El segmento más rentable, pero también el más volátil. Una mesa puede generar más ingresos que cincuenta personas en pista, pero requiere una *gestión cliente a cliente* con todo lo que eso implica: caprichos, egos y ocasionales negociaciones dignas de acuerdos internacionales.
- **Patrocinios y *partnerships*.** La guinda del pastel financiero. Desde los diez mil euros que paga una marca de bebidas por tener presencia visual hasta los acuerdos anuales con grupos hoteleros por valor de cientos de miles.

Pero los ingresos son solo media ecuación. «En la otra mitad, los costes, es donde realmente se separan los clubes que sobreviven más de dos temporadas de los que acaban como anécdotas en una conversación», confiesa Pere.

- **Costes visibles.** Alquiler, nóminas, DJ, impuestos, suministros, *marketing*. Representan aproximadamente el 70% de los gastos totales y son los que cualquier persona con un Excel básico puede prever.
- **Costes invisibles.** Con ellos, el negocio se vuelve un ejercicio de diplomacia creativa. Llamémoslo aceite burocrático: el permiso que de pronto se agiliza

porque has sabido elegir a la empresa de seguridad adecuada o la inspección que se queda en anécdota tras demostrar tu compromiso con el bienestar local patrocinando las fiestas del pueblo. Estos costes son impredecibles, imposibles de presupuestar con precisión y absolutamente cruciales para la supervivencia.

Y luego está la trastienda: el *backstage* caótico que los clientes nunca ven. «Como aquella vez en Barcelona que el sistema de agua se averió a la una de la madrugada, con seiscientas personas dentro y cuatrocientas haciendo cola fuera —recuerda Aspinall—. La solución: comprar todo el hielo de las tres gasolineras cercanas, fundirlo en barreños y mantener los baños funcionando a base de cubos de agua. Coste no presupuestado: dos mil cien euros. Alternativa: cerrar y devolver el dinero a mil personas enfadadas. La decisión fue tan obvia que la tomé en tres segundos».

Pero el verdadero arte está en el equilibrio entre crear cultura y sobrevivir como negocio. Porque la noche, además de un mercado brutalmente eficiente, «es un ecosistema cultural que se alimenta de autenticidad. Si solo persigues el beneficio, tu club morirá en cuanto aparezca uno más *cool*. Si solo persigues la autenticidad cultural, tu club morirá cuando no puedas pagar el alquiler».

¿POR QUÉ LA NOCHE ES TAN LUCRATIVA?

Si a estas alturas te preguntas por qué cualquier persona con dos dedos de frente invierte en un negocio tan caótico, volátil y lleno de personajes de dudosa reputación, la respuesta es simplemente matemática: los márgenes son obscenos cuando aciertas.

«

Vender alcohol con música alta es el negocio con mayor retorno sobre capital invertido que existe fuera del narcotráfico.

»

Permítenos ilustrarlo con números reales:

- **El milagro de los márgenes.** Un perfume de lujo que cuesta dos euros de producir se vende por cien euros en el mercado. Ese es un margen del 4.900%. Para ponerlo en perspectiva, Apple, considerada una de las empresas más rentables del planeta, tiene márgenes del 38% en sus iPhones. Si Tim Cook vendiera iPhones con el mismo margen que yo vendo vodka, un iPhone 15 costaría veintiséis mil euros.
- **El arte de la elasticidad.** Subir el precio de una entrada de quince a veinte euros (un 33%) típicamente

reduce la asistencia en menos de un 10%. Eso significa que tus ingresos aumentan un 20% neto. Pocos negocios tienen curvas de demanda tan inelásticas.

- **El fenómeno de la escasez artificial.** Todos los clubes rentables dominan esta estrategia. Un local con capacidad para quinientas personas que mantiene una cola visible de cien fuera puede cobrar un 30% más por entrada y un 50% más por bebida que un local idéntico sin cola. La percepción de escasez aumenta el valor percibido de forma exponencial.
- **Costes marginales decrecientes.** El coste de servir a un cliente adicional, una vez cubiertos los costes fijos (local, personal, DJ, *marketing*), es ridículamente bajo. Cada persona adicional que cruza la puerta representa un ingreso casi neto.

Una discoteca bien ubicada (por ejemplo, en Ibiza) que opere veintiún días al año puede alcanzar fácilmente estos números en su primera temporada:

Inversión inicial	50.000 €
Facturación total (tres semanas)	410.000 €
Costes totales	290.000 €
Beneficio neto	120.000 €
ROI	240 % en veintiún días

Una discoteca ubicada en un lugar menos estratégico y que abra casi trescientos días al año, puede presentar la siguiente estructura en su primer año:

Inversión inicial	200.000 €
Facturación anual	1.200.000 €
Costes totales	720.000 €
Beneficio neto	480.000 €
ROI	240 % anual

El ROI porcentual es idéntico, pero la velocidad de retorno es brutalmente diferente.

Y aquí está la clave de por qué la noche es tan atractiva financieramente: combina márgenes propios de sectores de lujo con velocidades de retorno típicas de negocios de consumo masivo. Esta combinación es prácticamente única en el ecosistema empresarial.

Pero, ¡ojo!, la distribución de retornos es extremadamente asimétrica. Por cada club que consigue estos números, hay diez que quiebran en su primer año. La diferencia entre unos y otros no está en el modelo de negocio, sino en la ejecución y, seamos sinceros, en el *timing* y en la suerte.

SUDOR, LUCES Y DECISIONES MARGINALES

«

La microeconomía real se aprende a las cinco de la mañana cuando tienes que decidir si pagas tres mil euros extras al DJ que amenaza con no salir, o cancelar el evento y devolver el dinero a ochocientas personas.

»

Esta frase resume perfectamente lo que Pere Aspinall ha aprendido en quince años navegando en las aguas turbulentas del ocio nocturno internacional. La vida es una sucesión de decisiones marginales, y en la noche estas decisiones se toman con una presión extrema, con información incompleta y consecuencias inmediatas.

«¿Has estudiado alguna vez la teoría de juegos? —pregunta—. Pues intenta aplicarla a las cuatro de la madrugada, negociando con un DJ borracho que quiere cambiar las condiciones del contrato mientras mil personas esperan al otro lado de la cortina». Eso es microeconomía aplicada en estado puro.

«He aprendido que el verdadero activo de este negocio no son los equipos de sonido, ni las licencias, ni siquiera la ubicación. El activo real es la red de confianza que construyes a tu alrededor: DJ que saben que siempre pagas, proveedores que te entregan sin adelanto, inversores que ponen dinero con un apretón de manos. Este capital social no aparece en ningún balance, pero determina tu supervivencia más que cualquier ratio financiera», sentencia.

También ha aprendido que el dinero en este sector es como el agua en un río: fluye constantemente, cambia de dirección según el terreno y es prácticamente imposible retenerlo. La clave no está en acumular, sino en dirigir el flujo hacia canales productivos antes de que se evapore.

¿Por qué es importante entender esto? Porque la economía real no se juega en salas de conferencias con *powerpoints,* sino que implica decisiones instantáneas tomadas con el estómago y refinadas por la experiencia. Cuando un proveedor te falla dos horas antes del evento, cuando el techo comienza a gotear sobre la cabina del DJ, cuando un cliente vip amenaza con irse llevándose a veinte personas..., tomas decisiones que definen tu balance más que las proyecciones a cinco años que les vendes a los inversores.

La noche le ha enseñado que los modelos económicos tradicionales fallan cuando se aplican a entornos de alta volatilidad emocional. El comportamiento del consumidor en un club no sigue patrones racionales: está influenciado por factores ambientales, sociales y químicos que ningún máster en administración de empresas (MBA) te enseña a cuantificar.

Al final, después de expandirse por tres continentes y facturar cientos de miles de euros, la lección más valiosa que ha recibido es sorprendentemente simple: «Entiende lo que hace vibrar a la gente y conviértelo en una experiencia por la que esté dispuesta a pagar como si fuera un producto prémium. Todo lo demás —los contratos, las estrategias de precio, los modelos de financiación— son solo herramientas para materializar esa comprensión fundamental».

Porque en un mundo donde la atención es el recurso más escaso, quien controla las emociones controla la economía. Y pocas industrias entienden esto mejor que la del ocio nocturno, donde se venden efímeros momentos de euforia a precios que harían sonrojar a un bróker de Wall Street.

Como dijo a Aspinall aquel funcionario indio mientras le sellaba los papeles de su club en Bombay: «Señor Pere, usted no vende música ni alcohol. Vende la ilusión de que la vida puede ser extraordinaria durante unas horas».

Y eso, amigo mío, no tiene precio..., aunque, paradójicamente, la gente está dispuesta a pagar fortunas por ello.

CAPÍTULO 3

El taxista de las finanzas: chanchullos de camino al aeropuerto

MANUEL MÉRIDA GÓMEZ

Con cincuenta y nueve años, puede afirmar sin falsa modestia que su verdadera educación no la recibió en las aulas convencionales, sino ejerciendo su oficio al volante. El taxi es un confesionario móvil, un laboratorio sociológico donde convergen todas las clases sociales. Ha sido alumno aplicado de barrenderos que filosofaban sobre la existencia y de directores generales que confesaban sus miedos más íntimos.

Su fórmula combina las matemáticas exactas del negocio con la química impredecible de la confianza. Un equilibrio delicado entre rentabilidad y afecto.

En esta era de algoritmos fríos y competencia desleal, sus pasajeros han elegido algo subversivamente anticuado: la conexión humana. Al final, lo que buscan no es simplemente un vehículo, sino su taxista de confianza, ese cómplice urbano que conoce sus rutas favoritas y sus silencios necesarios.

Porque en el fondo, todos necesitamos a alguien que nos recoja.

«La diferencia entre un taxi y un asesor financiero es que el taxi te dice cuánto te va a costar antes de subir.»

GASOLINA PRÉMIUM

Y así, con el pedal a fondo y los neumáticos del Toyota besando el asfalto barcelonés como si fueran amantes prohibidos, se nos presenta Manuel, *Manos de Seda*, taxista de día, gurú financiero de madrugada. Después de enterrar su viejo Škoda manual con cuatrocientos cincuenta mil kilómetros a sus espaldas —le dio santa sepultura en un desguace donde ahora descansa troceado en piezas— se pasó a un híbrido japonés para seguir mordiendo las calles de Barcelona como un tiburón hambriento.

Su teléfono no suena..., vibra, como debe ser en el submundo de la élite. En su WhatsApp existe un grupo selecto, llamado los Apalancados de Barcelona, donde solo entran ejecutivos con más dinero que tiempo y más ambición que sentido común. En él no se comparten imágenes de gatitos adorables ni fotos del desayuno: intercambian curvas de rendimiento que se retuercen como las calles del Gótico y estrategias de inversión más picantes que una buena salsa romesco.

Su primera recogida del día es en la Diagonal, frente a una de esas torres de cristal donde los trajes apresurados pelean con el aire acondicionado. Entra Jordi, un gestor patrimonial que transpira prepotencia por cada poro de su piel catalana.

—¿Sabes qué es bonito de los mercados emergentes? —le suelta antes incluso de abrocharse el cinturón—. Que siempre están emergiendo, pero nunca acaban de emerger del todo. Como mi cuñado intentando dejar de fumar.

Manuel le devuelve la mirada por el retrovisor mientras sortea a un repartidor suicida en bicicleta y responde:

—Lo que sé es que meter pasta en mercados emergentes sin entender la volatilidad implícita es similar a jugar a la ruleta rusa con cinco balas en el tambor. Divertido si miras, fatal si participas.

Su cara de sorpresa vale más que todas las propinas del día. Los ejecutivos siempre se quedan pasmados cuando el «simple taxista» les habla de volatilidad implícita y no de fútbol.

EL MALDITO *CARRY TRADE* DEL AEROPUERTO

El aeropuerto del Prat ha sido su universidad financiera particular. Allí recoge a la *crème de la crème* del mundo empresarial: comerciales que vuelan con más frecuencia que los pilotos, ejecutivos que se desplazan a Londres como quien baja a comprar el pan, inversores que entran y salen del país más rápido que sus propios capitales.

A media mañana, Manuel recoge a Silvia, directora de expansión de una multinacional que no para de comprar *startups* como quien colecciona cromos. Mientras se incorporan a la autovía, ella pregunta a nuestro taxista financiero si entiende lo que es un *carry trade*, una estrategia financiera que consiste en pedir prestado dinero barato en una divisa para invertirlo en otra que paga intereses más altos. Él sonríe:

—Es lo que hago yo cada día con el taxi, pero con divisas —explica, esquivando a un conductor que parece haberse sacado el carnet en una tómbola—. Pido prestado donde el interés es bajo y presto donde es alto. Me endeudo en yenes al 0,1% y coloco ese dinero en pesos argentinos al 70%. La diferencia es mi beneficio..., hasta que la divisa alta se desploma y me arruina, como le pasó a mi vecino Paco, que ahora vende cupones de la ONCE.

Silvia se ríe mientras teclea algo en su móvil.

—Por curiosidad, ¿dónde aprendiste sobre finanzas?

—En la universidad más cabrona del mundo: llevando a gente como tú que habla por teléfono como si yo fuera sordo. He escuchado más secretos corporativos que el confesor del IBEX.

LA INFLACIÓN TIENE CARA DE POCOS AMIGOS

A mediodía, Manos de Seda recoge a Ramón, un comercial de productos farmacéuticos con cara de no haber dormido desde 2019. Acaba de cerrar un contrato millonario y quiere celebrarlo con un buen almuerzo en la Barceloneta.

—¿Has visto la inflación? —le dice, aflojándose la corbata—. Está más descontrolada que mi ex después de dos *gin-tonics.*

El taxi gira por la Ronda Litoral mientras Manuel le suelta su teoría estrella:

—La inflación no es más que un impuesto silencioso para los que no saben protegerse —dice mientras adelanta a un autobús que se cree el dueño de la carretera—. Al igual que una fuga de agua en el baño, al principio apenas la notas, solo es una gotera inofensiva, pero si no la arreglas, un día vuelves a casa y tienes una piscina municipal donde antes había parqué.

—¿Y cómo te proteges tú? —pregunta intrigado.

—Tengo tres estrategias: activos reales como este taxi que genera ingresos diarios, una cartera diversificada que ni mi gestor entiende, y nunca, jamás, dejo más liquidez de la necesaria en el banco. Al dinero parado le pasa lo mismo que a un taxi en el garaje: es bonito de ver, pero no genera ni un céntimo.

EL ARBITRAJE DEL PÍCARO

«La oportunidad no llama dos veces, pero el mercado ineficiente sí.»

Por la tarde, Barcelona se convierte en un hervidero de ejecutivos estresados que necesitan llegar a sus citas como si los persiguiera el diablo.

Manuel recoge a Martín y Carlos, dos *traders* de una firma de inversión que debaten acaloradamente sobre estrategias de arbitraje.

—Te digo que está funcionando —insiste Martín—. Compramos ETF en Fráncfort y los vendemos en Madrid con un diferencial del 0,3%.

Carlos niega con la cabeza mientras trastea en su *tablet*.

—Eso es pan para hoy y hambre para mañana. En cuanto dos o tres más se enteren, adiós diferencial.

Nuestro taxista se une discretamente a la conversación mientras navega por la Diagonal.

—El verdadero arbitraje está en los taxis de Barcelona —comenta—. Conozco a un compañero que tiene dos licencias: una la explota él y la otra la alquila por dos mil quinientos euros mensuales a un pobre diablo que se deja la espalda catorce horas diarias para sacarle rentabilidad. Mi colega gana dinero durmiendo mientras el otro apenas cubre gastos. Eso, señores, es un puto arbitraje humano.

Se hace un silencio sepulcral en el asiento trasero. Parece que Manuel ha tocado una fibra sensible.

—Eres un cabrón filosófico, ¿lo sabías? —le dice finalmente Carlos con una sonrisa incómoda.

—No, solo soy un taxista que entiende que el capital siempre explota al trabajo. Por cierto, hemos llegado. Son veintitrés euros con cincuenta.

EL APALANCAMIENTO TIENE DOBLE FILO

La tarde cae sobre Barcelona y Eduard, un joven emprendedor con más entusiasmo que experiencia, entra en el taxi. Cuenta que está a punto de cerrar una ronda de financiación para su *startup* de logística «revolucionaria».

—Vamos a apalancarnos a tope —dice con los ojos brillantes—. El banco nos ofrece cinco veces nuestro capital.

El Toyota frena suavemente ante un semáforo y Manos de Seda mira directamente a los ojos de su pasajero a través del retrovisor:

—El apalancamiento es como el alcohol: usado con moderación, alegra la fiesta; en exceso, terminas vomitando en la acera de la quiebra. Cuando las cosas van bien, multiplicas beneficios, cierto. Pero cuando van mal, y créeme, siempre hay rachas malas, los intereses te devoran como pirañas hambrientas.

—Pero sin riesgo no hay recompensa, ¿no? —contraataca, mostrando su *powerpoint* brillante en el iPad.

—Sin riesgo no hay recompensa, correcto. Pero con riesgo estúpido lo único garantizado es el desastre. Mira mi Toyota: apalancamiento cero. Lo pagué al contado con los ahorros de mi Škoda anterior. Mientras mis compañeros pagan letras, yo duermo tranquilo. Y cuando viene una pandemia o una crisis, ellos están al borde del suicidio y yo simplemente aprieto el cinturón. La libertad financiera empieza por no deber nada a nadie.

Eduard guarda silencio, tal vez reconsiderando sus planes. Al llegar a su destino, pide una tarjeta a Manuel. Como no tiene, el taxista le da el número de su móvil.

—Por si algún día necesitas un taxi o un consejo financiero sin comisiones ocultas —dice, guiñándole un ojo.

DERIVADOS PARA VALIENTES Y SUICIDAS

«

Los derivados financieros, al igual que los fuegos artificiales, son espectaculares de ver, pero mejor mantener una distancia de seguridad.

»

La última carrera del día es con Alberto, un tipo con aspecto de jugador profesional de póker que se dirige al casino de Barcelona. Durante el trayecto, confiesa que ha perdido una fortuna operando con opciones financieras.

—No entiendo qué pasó —dice, aún desconcertado—. Tenía calculado el movimiento perfecto.

Y Manuel se lo explica mientras zigzaguea entre el tráfico vespertino:

—Las opciones son como jugar al póker con la banca: parece que tienes ventaja porque conoces algunas cartas, pero el crupier siempre tiene un as bajo la manga. La prima que pagas es el precio de tu arrogancia, de creer que puedes predecir el futuro mejor que miles de algoritmos programados por genios de las matemáticas.

—¿Y qué recomiendas entonces? —pregunta, genuinamente interesado.

—Diversificación brutal y paciencia. Es menos sexi que apostar a que Tesla subirá un 10% en una semana, pero infinitamente más efectivo. Y, sobre todo, nunca, jamás, inviertas dinero que no puedas permitirte perder. Los cementerios financieros están llenos de listillos que pensaron que habían descubierto el santo grial de los mercados.

Al dejarlo frente al casino, le da una propina generosa.

—Por salvarme de mí mismo —dice con una media sonrisa—. Si hubiera hablado contigo antes, tendría cincuenta mil euros más en mi cuenta.

BONUS TRACK: LA CORRELACIÓN DEL TAXISTA

El día termina y Manuel vuelve a casa atravesando una Barcelona que se prepara para la noche. Piensa en todos los ejecutivos, comerciales y emprendedores que han pasado por su taxi hoy. Todos buscando el pelotazo, el atajo hacia la riqueza, la estrategia infalible.

Lo que ninguno entiende es la *correlación del taxista,* su teoría financiera personal: cuanto más complejo es un producto financiero, más alta es la probabilidad de que te estén timando. Y cuanto más te prometen, menos te llevarás.

Porque en este mundo de tiburones financieros, la verdadera sabiduría está en nadar despacio pero constantemente, sin llamar la atención, acumulando pequeñas ganancias día tras día, como un taxista que recorre la ciudad recogiendo pasajeros, uno a uno, carrera a carrera, construyendo su imperio sobre el asfalto mientras los demás sueñan con castillos en el aire.

Y mientras aparca su Toyota, que no es ni tan bonito como un Mercedes ni tan ostentoso como un BMW, pero que nunca le ha dejado tirado, sonríe pensando en la mayor de las ironías: que un simple taxista de Barcelona entienda mejor el capitalismo que muchos de los que lo practican.

Porque la vida, como las finanzas, no va de correr más rápido, sino de saber exactamente hacia dónde te diriges.

PARTE II

Los circos del capital

BIENVENIDO AL ESPECTÁCULO. Tras el callejón oscuro de la primera parte, ahora entraremos en los escenarios donde el dinero baila, se exhibe y se disfraza de cultura, deporte o entretenimiento. Las representaciones escogidas no son caprichos temáticos, son sectores económicos disfrazados de pasión.

Cada capítulo destapará un mercado alternativo donde las reglas son distintas pero los principios económicos son los mismos: oferta y demanda, señalización, captura regulatoria, renta económica, irracionalidad colectiva. El pádel es un oligopolio con burbujas especulativas; el fútbol, un circo romano que mueve más pasta que muchas bolsas nacionales; el arte, un mercado opaco perfecto para lavar dinero y alimentar egos; y los toros, un *hedge fund* subvencionado que nunca quiebra porque el Estado paga la fiesta.

¿Por qué estos ámbitos y no otros? Porque son laboratorios de comportamiento económico en estado puro:

irracionalidad, tribalismo, estatus, especulación emocional y tradición. Aquí no invierten los agentes económicos fríos y racionales de los libros de texto. Aquí invierte el cuñado, el *hooligan*, el coleccionista esnob, el señorito que vive de subvenciones. Y entender esos mercados —con sus trampas, sus burbujas, su retórica— es esencial para entender cómo funciona realmente el capitalismo: no como un sistema racional, sino como una feria humana de deseos, egocentrismo y dinero fácil.

CAPÍTULO 4

Kamasutra financiero y platanomelón: cuando la inversión es arte y vicio

ARTE Y TÉCNICA DE LA DIVERSIFICACIÓN

«

La diversificación, como practicar el *Kamasutra:* si solo repites la misma posición, te aburres..., y tu cartera también.

»

Y hablando de posiciones extremas, llegamos al verdadero *Kamasutra* de la inversión: un manual de posturas, ritmo y riesgo domado para que tu cartera llegue al clímax sin hacerte polvo cuando menos te lo esperas.

La montaña (*buy & hold*, o «compra y aguanta la posición», ni se te ocurra soltar)

La posición clásica que todo inversor novato cree indestructible. Compras Apple en 2010, cierras el portátil y te largas a tomar el sol mientras los dividendos caen como confeti en una boda de millonarios. Trece años después, si tuviste paciencia de hierro, puedes estar disfrutando al volante de tu propio Ferrari..., o conduciendo un Prius eléctrico, dependiendo de tu fe inquebrantable en Steve Jobs y compañía.

El secreto, en este caso, no es ningún secreto: solo aguantar. Paciencia zen para no cambiar de postura ante la primera turbulencia, como esperar a que tu suegra termine el café y su interminable historia familiar sin inmutarte ni una sola vez.

***El loto* (value investing *o «inversión en valor»*)**

Simplificando, se trata de buscar acciones que cotizan por debajo de su valor intrínseco real, como comprar un billete de diez euros a cinco euros, esperando que el mercado corrija el error.

Medita, respira hondo y bucea en los estados financieros como un monje budista en busca de la iluminación contable. Buscas esas empresas infravaloradas que esconden un balance de hierro puro y directivos que no parezcan villanos salidos de una película de James Bond. Fue así como Buffett encontró su guerrera en Berkshire en los setenta mientras el resto apostaba por modas pasajeras.

En los años setenta, mientras Wall Street enloquecía con tecnológicas de moda y empresas glamurosas, Buffett hacía lo contrario: compraba negocios aburridos, infravalorados y sólidos, con ventajas competitivas claras (aseguradoras, textiles como Berkshire Hathaway, fábricas de caramelos). Buscaba precios ridículamente bajos, flujos de caja predecibles y gestión competente.

Mientras otros perseguían modas que explotaban en burbujas, Buffett compraba valor real ignorado por el mercado. Esas inversiones «aburridas» se convirtieron en la base de su fortuna. Berkshire Hathaway pasó de valer nada a ser un imperio de cientos de miles de millones.

> «
> El dinero real se hace comprando lo infravalorado y sólido que nadie quiere, no persiguiendo modas.
> »

El riesgo, claro está, es enamorarte de un ladrillo pintado de oro: creerte la historia empresarial sin mirar los números fríos y descubrir demasiado tarde que tu «joya oculta» no pasa de ser una simple piedra pómez con purpurina financiera.

***El tigre* (day trading *o «día de compraventa»*)**

Consiste en comprar y vender activos financieros en el mismo día para aprovechar las pequeñas fluctuaciones de precios, cerrando todas las posiciones antes del cierre del mercado.

Aquí no hay sutileza ni medias tintas: es pura adrenalina intravenosa. Te pones el kimono digital, afinas el pulso con un café cargado hasta las cejas y atacas las *velas del gráfico* (esas barritas verdes y rojas que indican cómo se ha movido el precio en un periodo de tiempo) minuto a minuto, como un samurái enloquecido. A veces ganas quinientos euros antes del desayuno; otras, los pierdes antes de que se enfríe tu primera tostada; y en los días realmente memorables acabas debiendo tres mil euros antes de que el reloj marque la hora de comer.

La regla sagrada es usar *stops automáticos* como cinturón de seguridad: sin ellos, acabarás pidiendo créditos rápidos en el bar de enfrente para cubrir las pérdidas que ni siquiera recuerdas haber generado.

La estrella de mar (fondos indexados)

Los fondos indexados son instrumentos de inversión que replican la composición y el rendimiento de un índice bursátil específico, como el Standard and Poor's 500 (S&P500), ofreciendo bajos costes y una diversificación instantánea.

Tumbado en la arena como un turista en Benidorm, dejas que el océano del mercado haga su magia mientras tú te dedicas a otras cosas más interesantes. S&P500, Morgan Stanley Capital International (MSCI) World...

No es sexi, no dará de qué hablar en tu próxima cena con los amigos, pero funciona con la precisión de un reloj suizo bien engrasado.

La gran ventaja es el nivel de estrés: tan bajo que compite directamente con tu obsesión por ver *La revuelta* después de un día agotador. Nada de velas japonesas, nada de extremos melodramáticos: inviertes una vez, ajustas tu aportación periódica como quien programa el riego automático y te olvidas hasta la jubilación.

Dominar el *Kamasutra* financiero consiste en conocer cada postura a la perfección y alternarlas con el ritmo adecuado a tu perfil: un poco de *buy&hold* para estabilizar la columna vertebral de tu patrimonio, un toque de *value investing* para afinar la técnica y el olfato, un golpe ocasional de *day trading* para la chispa adrenalínica, y una sesión relajante de fondos indexados para recuperarte y dormir sin sobresaltos. Y todo ello sin despeinarte ni un solo pelo, esquivando hábilmente la llamada del Servicio de Administración Tributaria (SAT), el equivalente a Hacienda en otros países —nuestra Agencia Tributaria, vaya—, y controlando el riesgo como un verdadero maestro del tantra monetario.

«

Estructura tus inversiones para minimizar el pago de impuestos sin incumplir la ley. No se trata de evadir (que es ilegal), sino de optimizar fiscalmente (que es legal)

para no pagar más de lo necesario ni llamar la atención de Hacienda con movimientos sospechosos.
»

ERRORES COMUNES: CUANDO EL *KAMASUTRA* ACABA EN DIVORCIO FINANCIERO

A veces creemos que cuantos más juguetes tengamos en la mesita de noche, más excitante será la experiencia inversora. Error garrafal. La *sobrediversificación* —ese altar repleto de cincuenta ETF diferentes, cien acciones sin conexión aparente y veinte criptomonedas cuyos nombres ni siquiera puedes pronunciar— termina siendo como querer dominar cien posturas en una sola noche: acabas exhausto, mareado y sin ninguna rentabilidad digna de la que presumir en LinkedIn.

Luego está el temido «melón podrido»: invertir todos tus ahorros en el próximo Tesla solo porque un *influencer* con dientes blanqueados lo dijo en YouTube mientras promocionaba batidos *detox*. Espóiler devastador: muchas acaban siendo simples fábricas de patinetes eléctricos en quiebra, con olor a oportunidad perdida que ni el mejor ambientador financiero podría enmascarar.

Y cuidado con el peligroso «plátano transgénico»: esos bonos basura hábilmente disfrazados con la frase «alto rendimiento garantizado». Si te ofrecen un jugoso 15% anual sin pestañear, es porque nadie más, ni el banco más loco del planeta, les prestaría un céntimo. Con ellos, el único que gana es el emisor del bono... y tu cartera quedará llena de semillas venenosas que germinarán cuando menos lo esperes.

EL ORGASMO FINANCIERO: CUANDO TODO SE ALINEA

Pero no todo es llanto y divorcio en este mundo. También hay noches memorables que recordarás con una sonrisa pícara.

- El golpe maestro de 2020: combinar «plátanos clásicos» —Amazon, Walmart— con «melones explosivos» —Zoom, Tesla— fue como rascar un boleto de la lotería premiado... sin haber comprado el boleto. La cartera se disparó hacia el infinito y más allá, y brindamos con champán virtual mientras el mundo se confinaba.
- La resaca del 2022: los que iban solo de «melón» —Meta, Netflix— acabaron llorando amargamente en TikTok cuando sus títulos cayeron un 30% de golpe. Lección valiosa: un plato demasiado picante sin una base dulce siempre deja un regusto amargo difícil de quitar.

Ahora ya tienes el manual completo entre tus manos: practica con prudencia, ajusta tu tempo personal y recuerda que, en este arte milenario, el verdadero orgasmo financiero viene de ver crecer tu cuenta bancaria mes a mes... sin romperte el cuello ni la espalda en el intento.

PLATANOMELÓN: LA FRUTA PROHIBIDA DEL RIESGO Y LA RECOMPENSA

Y así llegamos al exquisito platanomelón: esa fruta prohibida del riesgo y la recompensa que se come primero con los ojos y se degusta después con el pulso ligeramente acelerado. Imagina tu cartera como un frutero canalla donde conviven dos sabores aparentemente antagónicos.

Por un lado está el plátano, esa dulzura acogedora de la estabilidad: bonos corporativos (deuda que compras a grandes empresas) bien ponderados, aristócratas del dividendo (empresas tan sólidas que llevan décadas repartiendo beneficios) que reparten beneficios trimestrales como quien da caramelos en Halloween, y ladrillos en barrios donde la emoción es tan predecible como un domingo de fútbol en casa. Invertir en Coca-Cola es exactamente como comprar calcetines blancos: aburrido a rabiar, pero los vas a necesitar sí o sí en algún momento crucial de tu vida.

En el otro extremo florece el melón, esa explosividad de alto voltaje que hace palpitar tu cuenta como un tambor africano: *startups* justo antes de salir a bolsa (pre-IPO), que prometen sacudir la industria hasta sus cimientos; criptomonedas que suben y bajan más rápido que tu pulso después de tres expresos seguidos; empresas creadas solo para comprar otras y sacarlas a bolsa (compañías de adquisición con propósito especial, SPAC por sus siglas en inglés, una especie de atajo financiero), bautizadas con el nombre de la próxima gran revolución del metaverso que nadie entiende completamente. Comprar dogecoin —una criptodivisa derivada del bitcóin— en 2020 era como comprar un billete de lotería de broma por tres céntimos: se hacía en intercambios de criptomonedas poco conocidos, cuando valía una fracción de céntimo (unos 0,002 dólares americanos) y la gente lo veía como una mera broma interna. Fue exactamente como apostar a que tu cuñado dejaría de soltar teorías conspiranoicas en la cena familiar de Navidad y ganar: una victoria tan surrealista que todavía no sabes exactamente cómo ocurrió.

«

El inversor inteligente no es el que nunca se equivoca, sino el que sabe exactamente cuándo meter la mano en cada lado del frutero.

»

La receta perfecta para no atragantarte consiste en tener un frutero meticulosamente equilibrado: un 70% de plátano para poder dormir con la conciencia tranquila y los ronquidos suaves, un 25% de melón para presumir de audacia financiera en X y en el grupo de WhatsApp Cartera Aérea, y un estratégico 5% de efectivo puro y duro, ese colchón de billetes que te rescata cuando la jungla financiera se convierte inesperadamente en un barrizal de pánico colectivo.

LECCIONES DEL GURÚ DEL COLCHÓN (DINERO EN EFECTIVO)

En el gran *Kamasutra* financiero, el colchón de efectivo es la postura maestra por excelencia: nada jugosa a primera vista, pero absolutamente imprescindible cuando el suelo financiero tiembla bajo tus pies descalzos. El dinero líquido te rescata en dos ocasiones clave que todo inversor experimentará tarde o temprano:

- **Cuando llegan los derrumbes inesperados.** En 2008, quienes tenían *cash* abundante controlaron la avalancha con mano firme y compraron gangas inmobiliarias con ojos de halcón hambriento.
- **Cuando tu melón favorito se desinfla como un globo pinchado.** Si ese token no fungible (NFT) de

mono fumador te deja con un 90% de pérdidas irreversibles, el colchón te evita suplicar ayuda a psicólogos financieros y te permite reírte del dolor desde una hamaca confortable en un resort de cinco estrellas.

$$\textit{Cash}\text{ sonante} = \frac{\text{gastos de 6 meses + caprichos de un año}}{2}$$

FÓRMULA DEL COLCHÓN INTELIGENTE

Quizá te suene la regla tradicional del cien menos tu edad: restas tu edad a cien y el porcentaje resultante lo inviertes en renta variable (acciones), mientras que el resto en renta fija (bonos); si tienes treinta años, inviertes un 70% en acciones y un 30% en bonos. Esta regla dice que, a más edad, menos riesgo. Bien, pues olvídala. Aquí la verdadera ecuación se ajusta al pulso acelerado de tu cartera personalizada. Calcula tu colchón de emergencia óptimo como el equivalente a tres meses completos de todos tus gastos (personal, ocio y propinas generosas de taxi) antes de invertir. Es tu salvavidas anticatástrofes. Tendrás margen suficiente para...

- Mantener la calma absoluta cuando la curva de rendimiento se desfigure como en una película de terror.

- Ejecutar compras estratégicas sin verte obligado a vender tu preciado melón en plena caída libre.
- Sobrevivir emocional y económicamente a ese *shock* que todo inversor ha temido alguna vez en sus pesadillas nocturnas.

Y ahora cierra suavemente el libro, con el pulgar listo para pasar a la siguiente página apasionante de tu vida financiera.

Porque, en el gran *Kamasutra* de las finanzas canallas, la mejor posición siempre será la que te mantiene erguido y sonriente..., incluso cuando todo a tu alrededor tiembla como gelatina en un terremoto de magnitud 8.

CAPÍTULO 5

Pádel, cañas y *cash* en modo canalla

«

Algunos piensan que el *trading* es adrenalina pura, pero no han vivido un cuarenta-cuarenta en el último juego con la cerveza ya pedida.

»

El mundo se divide en dos tipos de personas: las que entienden que el pádel es una clase magistral de microeconomía disfrazada de deporte, y las que aún no han pisado una pista. Mientras deslizas la tarjeta de crédito para pagar tu nueva pala de trescientos pavos, estás participando en uno de los mercados más perfectamente imperfectos que existen. Un ecosistema donde el sudor cotiza en bolsa y los grupos de WhatsApp son las nuevas plataformas de inversión.

LA TRIBU DEL CRISTAL TEMPLADO: DEMOGRAFÍA CON RAQUETA

El genio del pádel no está en las paredes de cristal, sino en cómo ha conquistado el espectro demográfico completo (jubilados, maduros, adolescentes...) creando un producto financiero con forma de deporte.

Pero ¿por qué el pádel es un negocio brillante? Porque no nos vendieron un deporte, sino un ecosistema de ingresos recurrentes disfrazado de ocio.

- **Barrera de entrada bajísima.** A diferencia del tenis (que requiere técnica) o del fútbol (que requiere cierta condición física), el pádel es fácil desde el primer día. Tu padre de sesenta años y tu primo de veinticinco juegan juntos y se divierten. Su cliente base es, literalmente, todo el mundo.
- **Enganche social potente.** Se juega obligatoriamente en parejas: no es un deporte individual, es un evento social. Genera comunidad, conversación, *networking*. No es solo ejercicio.
- **Monetización multicapa:** alquiler de pistas, cuotas de membresía, venta de equipamiento, inscripción en torneos y ligas, pago de clases particulares...
- **Espectro demográfico total:** ejecutivos de cincuenta, universitarios de veinte, jubilados de setenta, familias enteras... Funciona para todos los nive-

les económicos y todas las edades. Es inclusivo por diseño.

Jubilados: la renta fija del ecosistema

Estos maestros del largo plazo aplican principios de inversión en valor (*value investing*) a cada golpe. No buscan el pelotazo (literal y figurado), sino la consistencia del dividendo social. Son los bonos del Estado del club: rendimiento bajo pero predecible, con partidas programadas los martes y jueves a las diez de la mañana con precisión suiza.

Son los inversores conservadores del pádel. Juegan para mantener el hábito y por su salud, no para ganar. Prefieren la certeza aburrida que la emoción arriesgada.

Cuarentones: los **blue chips** *del rectángulo*

¿Sabes qué son los *blue chips*? Son valores muy estables y sólidos, en general de grandes empresas con resultados sostenidos que no suelen ser víctimas de la volatilidad —lo cual no quiere decir que no puedan darte un susto con una fuerte caída el día menos pensado.

Veamos cómo aplicar esto al directivo medio que juega al pádel. Ha descubierto que un remate bien colocado libera más tensión que despedir a un subordinado. Con poder adquisitivo para financiar equipamiento prémium y quedarse con los mejores horarios, constituye el mercado institucional del pádel. Su mayor innovación: convertir las lesiones en criptoactivos sociales. «Me rompí el menisco por tercera vez» equivale a tres rondas gratis en el bar, porque las lesiones aportan prestigio y estatus.

En resumen, los ejecutivos han encontrado en el pádel su válvula de escape perfecta. Pegarle fuerte a la pelota permite descargar toda la frustración acumulada por culpa de reuniones infumables, *emails* tóxicos y jefes incompetentes. ¡Es una terapia barata comparada con el psicólogo!

Millennials: *el capital riesgo de la volea*

Invierten en experiencias instagrameables más que en técnica. Para ellos, el ROI se mide en *likes* por gota de sudor. Han transformado el juego en una plataforma de contactos profesionales donde el *networking* huele a amoniaco y desodorante Axe. Cada partido es una ronda de financiación para su capital social.

> La paradoja de *padelminator*: cuanto más caro es el club, menos se habla de dinero y más del revés de los jugadores. El verdadero lujo es quejarse de lo mal que juegas mientras pagas setenta euros por una hora de pista.

ECONOMÍA DE ESCALA Y VÍBORAS DEL DESIERTO

La magia empresarial del pádel radica en su estructura de costes, tan elegante como perversa.

- **Coste marginal decreciente.** Una vez construida la pista (con una inversión inicial de treinta mil euros), cada partido o cliente adicional apenas incrementa los gastos operativos. La climatización y la luz son errores de redondeo —pequeñas inexactitudes que aparecen cuando los decimales se acortan o redondean en un número finito de cifras— en la ecuación de beneficios. Es el sueño húmedo de cualquier MBA: una escalabilidad casi perfecta.

- **Discriminación de precios por temporalidad.** El mismo producto (una hora de pista) se vende a doce euros un martes lluvioso por la mañana y a veinticinco un jueves a las siete. Imagina que el café de una cadena de cafeterías famosa duplicara su precio en horas punta... Espera, ¡eso también lo hacen!
- **Externalidades de red positivas.** Cada nuevo jugador no solo paga su cuota, sino que atrae a competidores, consume en el bar y compra equipamiento. El efecto multiplicador del pádel haría sonrojar a Keynes.

«

Hay dos formas de ganar dinero en este mundo: o entiendes los mercados financieros, o entiendes por qué la gente paga para dar raquetazos en un cubo de cristal.

»

EL PORTFOLIO DIVERSIFICADO DEL CLUB DE PÁDEL

La estructura de ingresos de un club es un manual de diversificación buffettiano. Veamos por qué.

Ingresos recurrentes: el flujo de caja sagrado

Existen dos fuentes principales de ingresos. La primera, las cuotas mensuales (entre cuarenta y ochenta euros). La suscripción es al deporte lo que Netflix al entretenimiento. Pagas sin darte cuenta, te promete uso ilimitado y acaba recordándote que llevas semanas sin entrenar.

La segunda fuente es el alquiler de pistas, con márgenes brutos del 70%. Cada reserva es prácticamente *cash-flow* (flujo de caja) libre. El hormigón no cobra horas extra ni pide vacaciones.

Monetización lateral: el arte del cross-selling

El *cross-selling* (o «venta cruzada») permite obtener mayores ingresos de los que en un primer momento se tenían previstos. La venta cruzada es el arte sutil y persuasivo de conseguir que el cliente, que vino a comprar una simple tostadora, salga de la tienda con un juego de sartenes, una batidora industrial y, por si acaso, una extensión de la garantía para todo ello. Es la técnica de decirle al cliente: «Qué buen gusto tiene usted con esa cuenta bancaria; ¿no querrá añadir a ese servicio una hipoteca, tres seguros de vida y un fondo de inversión de alto riesgo para darle emoción a la vida?».

Se trata de ofrecer productos complementarios o relacionados en el momento justo, claro está, disfrazando la ambición comercial de servicio y previsión. Una maniobra de servicio al cliente con una caja registradora oculta.

- **Tienda especializada.** Vender palas de fibra de carbono con nombres como Víbora del Desierto o Adrenalina Total a doscientos cincuenta euros la unidad, con un margen del 45%. La obsolescencia percibida es trimestral.
- **Bar integrado.** Es el lugar donde la cerveza pospartido se transforma en un activo líquido con apreciación instantánea. El *markup* (el margen o la diferencia entre el coste y el precio de venta) del 300% en bebidas es tolerado porque la endorfina postejercicio anula el centro cerebral del cálculo financiero.

> El teorema de la elasticidad padélica: por cada euro que sube el precio de la hora de pista, la demanda solo baja 0,3. La adicción supera a la racionalidad económica.

MICROECONOMÍA COMPORTAMENTAL: JUGAR CON SESGOS

La microeconomía comportamental (o, como diríamos en la barra del bar, «la economía de un cabeza loca») estudia algo obvio que la economía clásica ignoraba: los humanos no somos robots lógicos. En lugar de asumir que tomamos decisiones perfectas (el famoso «agente racional»), esta rama analiza cómo nuestros sesgos psicológicos nos llevan a tomar decisiones objetivamente tontas o irracionales.

Dicho de otra manera: estudia cómo nuestras emociones —la pereza, el miedo o la presión social— distorsionan las decisiones económicas cotidianas, desde elegir una hipoteca hasta decidir si guardar las sobras del *sushi* que ya huelen raro.

Las empresas y los Gobiernos usan este conocimiento para «jugar» con nuestra mente. El truco no es hacerte cambiar de opinión, sino diseñar el entorno para que, al tomar la decisión fácil o instintiva, hagas exactamente lo que ellos quieren.

Pues el éxito del pádel es una obra maestra de economía del comportamiento. Para ello, se apoya en distintos mecanismos:

- **Efecto *fear of missing out*** (FOMO, o pánico a quedarse fuera de la fiesta). Los grupos de WhatsApp activan constantemente la alarma de «último disponible para completar partido», creando una sensación de escasez artificial.
- **Valoración subjetiva.** La pelota y el alquiler de la pista (los veinte euros) tienen un valor intrínseco casi nulo. Sin embargo, lo que se paga es la experiencia, la sensación de pertenencia al grupo, el estatus social y la liberación de tensión.

- **Anclaje de precios.** Una pala de trescientos euros parece razonable cuando la comparas con el modelo prémium de quinientos. La tienda siempre tiene tres modelos: el de doscientos euros (para que te sientas racional), el de trescientos (el que realmente quieren venderte) y el de quinientos (el señuelo psicológico).
- **Coste hundido emocional.** Una vez que has invertido en equipamiento, cuotas y tiempo de aprendizaje, abandonar es reconocer un fracaso en tu cartera de inversión personal. El cerebro prefiere seguir invirtiendo antes que asumir las pérdidas.

EL ARTE DEL *YIELD MANAGEMENT* PADÉLICO

El *yield management* (o «gestión de rendimiento») es el arte de vender lo mismo a precios diferentes según quién, cuándo y cómo lo quiera. Es decir, ajustar el precio según la demanda para maximizar los ingresos totales. Aplicado al pádel, es la estrategia que exprime cada hora de pista.

- **Pista 1: el lujo.** Vender la pista a precio de oro en horario punta (siete de la tarde, después de salir del trabajo) a los directivos con prisa y capital. Se vende el espacio a quienes más lo valoran.
- **Pista 2: el descuento.** Vender la misma pista a precio de ganga a las once de la mañana, cuando casi nadie

puede jugar, a jubilados o autónomos flexibles. Se alquila el espacio a quienes son sensibles al precio, pero que de otra forma lo dejarían vacío.

El arte del *yield management* asegura que no quede ni un solo hueco libre, vendiendo cada hora al precio máximo que cada tipo de cliente esté dispuesto a pagar.

La reserva de pistas es una clase magistral de gestión de rendimientos digna de las aerolíneas, a través del empleo de diversas tácticas:

- **Segmentación horaria extrema.** Dividir el día en franjas de noventa minutos, con precios que fluctúan según la demanda histórica y meteorología prevista. Las siete de la tarde de un martes es el equivalente padélico al vuelo Madrid-Barcelona un lunes a primera hora.
- **Sobreventa controlada.** Un club con diez pistas puede gestionar torneos de doce equipos sabiendo que siempre habrá retrasos y partidos más cortos. Es la teoría de colas aplicada al sudor deportivo.
- **Penalización por *no show*.** Cancelar con menos de veinticuatro horas de antelación implica pagar el cien por cien. Este riesgo se socializa en los grupos de WhatsApp: «¿Alguien puede sustituirme hoy? Me ha surgido una reunión».

«

Si entiendes por qué la gente paga veinte euros para correr tras una pelota amarilla durante noventa minutos, entenderás cualquier mercado financiero del planeta.

»

LA INEVITABLE BURBUJA PADÉLICA

Como todo mercado en rápida expansión, el pádel muestra síntomas clásicos de sobrecalentamiento:

- **Sobreoferta.** Proliferación de clubes en cada polígono industrial, como restaurantes de *sushi* en 2005. El suministro crece más rápido que la base de jugadores, presagiando una corrección del mercado.
- **Inflación técnica.** Palas con materiales aeroespaciales y «tecnología cuántica de absorción de impactos». La carrera armamentística del equipamiento tiende al infinito, mientras la habilidad media del jugador tiende a ser una constante.
- **Especulación formativa.** Se multiplica el número de certificados, títulos y academias con promesas de convertirte en monitor o en empresario del pádel. El paralelismo con los cursos de *trading* es inquietante.

MORALEJA ECONÓMICA: LA RENTABILIDAD DEL REBOTE

Al final, el pádel no es solo un deporte: es una escuela de microeconomía aplicada que demuestra la verdad más profunda de la disciplina: creamos valor donde antes no existía.

Un rectángulo con paredes, césped artificial, cuatro personas, dos palas y una red se transforma en un mercado vibrante donde intercambiamos:

1. **Satisfacción por esfuerzo.** Entregamos dinero y tiempo (capital invertido) para obtener un retorno en forma de salud, relaciones sociales y el delicioso placer de un *smash* bien colocado. Es una transacción donde la rentabilidad es puramente emocional y social.
2. **Tiempo por exclusividad.** Las horas *prime time* son más caras no porque la pista sea mejor, sino por la escasez de tiempo para el ocio compartido. El precio se dispara por la demanda: así funcionan los mercados de bienes limitados.

En la vida económica, como en un buen partido de pádel, no se trata solo de ganar puntos (beneficios puntuales), sino de mantener la pelota en juego (sostenibilidad a largo plazo). Los mercados, como las paredes de cristal, te devuelven lo que lanzas: si juegas agresivo y sin cabeza, el rebote te castigará. Pero si fallas, el rebote siempre te da una segunda oportunidad para recolocarte y corregir el tiro.

«

En Wall Street especulan con futuros, en el pádel especulamos con dónde caerá la bola. La diferencia es que nosotros nos divertimos cuando perdemos.

»

(Un bróker con rodillera y muñequera)

CAPÍTULO 6

Fútbol, el circo romano del siglo XXI

«

Un partido puede terminar a cero, pero las transferencias bancarias siempre marcan gol.

»

(Un economista con bufanda del Atleti)

El fútbol dejó de ser deporte para convertirse en la mayor plataforma de inversión emocional jamás creada. Un ecosistema donde once tíos en pantalones cortos mueven más capital que algunas bolsas emergentes y donde la irracionalidad económica alcanza niveles que harían sonrojar a cualquier manual de finanzas conductuales. En España, país donde la economía puede tambalear, pero el césped siempre está perfectamente cortado, hemos elevado este *circus maximus* moderno a niveles que harían que hasta César Augusto pidiera un selfi con Vinícius.

El Camp Nou, el Bernabéu o el Metropolitano no son estadios: son *hedge funds* con graderío

LA ECONOMÍA DE LA PASIÓN: CUANDO LA DEMANDA ES IRRACIONAL POR DISEÑO

Lo brillante del negocio futbolístico es que ha conseguido lo que cualquier CEO sueña por las noches: clientes dispuestos a pagar precios elevados por un producto de calidad impredecible.

Ante nosotros, todo un portento de ingeniería financiera. Veamos por qué.

Segmentación demográfica del hincha-consumidor

- *Centennials.* Nativos digitales del balón que viven el fútbol como una extensión de sus videojuegos. Para ellos, Haaland es simultáneamente un futbolista, un personaje de la FIFA y un meme de TikTok. Invierten su paga semanal en sobres virtuales y consideran que una chilena solo existe si genera un clip viral.

- *Millennials.* La generación sándwich del negocio futbolístico. Demasiado nostálgicos para abandonar la tradición, pero suficientemente tecnológicos para consumir partidos en cinco pantallas simultáneas. Su portfolio incluye suscripciones a tres plataformas de *streaming, merchandising* oficial comprado en Black Friday y cervezas artesanales para ver el partido «como manda la tradición».
- *Boomers y generación X.* Los guardianes de la ortodoxia y principales financiadores del sistema. Pagan religiosamente abonos con incrementos anuales superiores a la inflación, compran el periódico deportivo en papel y veneran a futbolistas que ganan en un día lo que ellos en cinco años. Su actividad económica principal: comparar cuánto costaba la entrada en pesetas.

El **teorema del hincha irracional:** la lealtad a un club es el único activo financiero donde la pérdida constante de valor (derrotas) refuerza el compromiso de inversión futura. Warren Buffett debería estudiar esto.

LA ALQUIMIA ECONÓMICA: TRANSFORMAR SUDOR EN ORO

El modelo de negocio del fútbol moderno ha perfeccionado la transmutación de lo intangible en flujo de caja mediante fuentes de ingresos estratificadas:

- **Derechos televisivos.** La verdadera mina de oro. Una compleja estructura de distribución donde cada minuto de posesión de balón tiene un valor monetario calculado. La Liga ya no es una competición, sino un producto audiovisual con pausas para hidratar a los actores principales.
- **Transferencias.** El fútbol presenta el mercado laboral más disfuncional del planeta. Mientras los economistas debaten sobre la movilidad laboral óptima, el fútbol crea burbujas especulativas donde un chaval de diecinueve años puede costar más que el presupuesto sanitario de un pequeño país. La amortización contable de estos activos humanos merecería un Nobel de Economía heterodoxa.
- **Plusvalías ocultas.** Un club bien gestionado es una incubadora de talento con retornos estratosféricos. Compras a un brasileño por tres millones, le enseñas a defender, y lo vendes por cincuenta millones a un magnate inglés que acaba de descubrir que el fútbol existe.

«

Un equipo de fútbol opera como un fondo de inversión privado, donde la inversión principal (los activos) son jugadores que, lamentablemente, tienen lesiones musculares (*hamstring* y riesgo), y la rentabilidad se mide por la cantidad de trofeos que se levantan.

»

MICROECONOMÍA DEL FERVOR: CUANDO EL CONSUMIDOR ES EL PRODUCTO

En su esencia más astuta, el fútbol se alimenta de un círculo vicioso —o virtuoso, para quien lo gestiona—. Se basa en la economía conductual pura: el aficionado paga una entrada, un abono o *merchandising* por algo que, racionalmente, no es esencial. Pero ese gasto le proporciona una descarga emocional, identidad y pertenencia.

Su genialidad es esta: el valor real no está en la camiseta, sino en la ilusión y el sentimiento que se le atribuyen. Y ese sentimiento —gratis de producir— financia salarios, fichajes y estadios. El club usa ese dinero para ser «mejor», lo cual, a su vez, aumenta la pasión y la irracionalidad de la afición, que está dispuesta a pagar aún más.

Dicho de otro modo, la emoción del aficionado es el combustible que crea el valor económico.

¿Qué encontramos?

- **Precios dinámicos sin resistencia.** El Madrid-Barça cuesta cuatro veces más que un partido contra el colista, y nadie protesta. Imagina a Mercadona cuadruplicando el precio de la leche cuando juega España en el Mundial.
- **Excedente del consumidor negativo.** La paradoja del aficionado es que incluso cuando termina arruinado emocionalmente (con una derrota 0-4), está dispuesto a repetir la experiencia. Existen pocos sectores económicos —el boxeo, la tauromaquia...— donde el cliente pague por sufrir sistemáticamente.
- **Efecto manada exponencial.** El valor percibido de un club crece proporcionalmente con el número de personas que sufren colectivamente. Las economías de escala emocional son el verdadero balance *sheet* o general de los equipos.

EL ESTADIO COMO MICROCOSMOS CAPITALISTA

El estadio moderno es un laboratorio de extractivismo económico perfecto gracias a dos factores:

- **Segregación por poder adquisitivo.** Desde la localidad normal hasta el palco vip, pasando por zonas prémium con nombres como Experiencia Legends, el fútbol ha reinventado el *apartheid*, pero basándolo en tu límite de crédito.
- **Ecosistema de consumo cautivo.** Una cerveza dentro del estadio cuesta tres veces más que fuera, pero los hinchas la compran porque: a) la euforia anula el centro cerebral del cálculo coste-beneficio; b) es imposible salir y volver a entrar —es el monopolio perfecto—, y c) no hay nada más capitalista que celebrar un gol.

La **paradoja de Santiago Bernabéu:** cuanto más caro es el estadio, menos ruido hace su afición. En economía del fútbol, existe una correlación inversa entre el precio de la entrada y los decibelios producidos por asiento.

LA CAPITALIZACIÓN DEL TALENTO HUMANO

El fútbol ha llevado la mercantilización del capital humano a extremos que harían ruborizar al mercado de valores y que convierten al jugador en un instrumento financiero híbrido. Algunos ejemplos de esta curiosa contabilidad futbolística son estos:

- **Valoraciones basadas en expectativas.** Un delantero es valorado no solo por sus goles actuales, sino por la proyección de goles futuros descontados al presente. El problema es que, a diferencia de los bonos, los futbolistas tienen días malos, se lesionan y salen de fiesta.
- **Derivados futbolísticos.** Los contratos modernos incluyen variables por rendimiento, cláusulas de rescisión y porcentajes de futuras ventas. Son productos financieros como las *collateralized debt obligations* (CDO), pero con botas de tacos. O dicho de otro modo: el mercado de fichajes gestiona la incertidumbre biológica (posibilidad de lesiones) como si fuera deuda financiera compleja.
- **Arbitraje regulatorio.** Los grandes clubes han perfeccionado el arte de mover dinero entre jurisdicciones fiscales. El verdadero juego no ocurre en el césped, sino en las Islas Caimán.

«

Si un banco puede titulizar hipotecas —es decir, vender la deuda de uno o varios préstamos hipotecarios a un tercero—, ¿por qué un club no puede titulizar regates?

»

DE LA PASIÓN AL BLOCKCHAIN: LA TOKENIZACIÓN DEL SENTIMIENTO

La última frontera de la monetización futbolística está en convertir hasta la última gota de pasión del aficionado en un activo digital que se puede comprar y vender. ¿Cómo hacerlo? Veamos tres medios habituales:

- ***Fan tokens.*** Vender derechos de voto simbólicos para decisiones irrelevantes como qué canción suena tras un gol. Otorga la ilusión de participar a dos euros la unidad.
- **NFT de momentos históricos.** Por ejemplo, vender certificados digitales de propiedad de ese penalti que cambió la vida del equipo. Poseer un fragmento de vídeo que todo el mundo puede ver gratis en YouTube es la nueva definición de valor.

Un **token** es un certificado digital que representa algo de valor: dinero (criptomonedas), propiedad (NFT) o acceso a un servicio. Un **NFT** es un activo digital único e irrepetible que certifica la propiedad o autenticidad de algo en internet (un meme, una foto, un vídeo, una canción...) mediante el uso de la tecnología blockchain, una base de datos que registra todas las transacciones de forma pública y verificable, sin necesidad de intermediarios.

- **Metaverso futbolístico.** Estadios virtuales donde pagar por experiencias digitales de lo que antes era gratis. El siguiente paso lógico es cobrar por soñar con tu equipo.

Estos mecanismos representan una forma inteligente de financiar el club vendiendo a los aficionados pequeños «pedazos de influencia» o de «pertenencia», cobrando dinero por algo que antes era gratuito y puramente emocional.

El club transforma el fervor en un instrumento de inversión especulativo y líquido.

LA MORALEJA DEL CÓRNER EN EL DESCUENTO

El fútbol —economía pura vestida de épica y pasión— nos enseña la verdad más cruda sobre el capitalismo moderno: hemos creado un sistema donde pagamos felizmente por sentirnos miserables cada domingo y transferir nuestros ahorros a multimillonarios en pantalones cortos. La racionalidad económica se evapora ante un simple balón cruzando una línea de cal.

Y, sin embargo, ahí seguimos, renovando abonos, comprando la tercera equipación y discutiendo sobre si ese fuera de juego milimétrico era legal o no. Porque en el fútbol, como en los mercados financieros más sofisticados, la esperanza siempre triunfa sobre la evidencia empírica.

El verdadero milagro económico no es que los clubes conviertan la pasión en dinero, sino que nosotros, consumidores supuestamente racionales, hayamos aceptado que nuestra felicidad dominical dependa de veintidós millonarios persiguiendo una pelota.

«

Los mercados pueden permanecer irracionales más tiempo del que tú puedes permanecer solvente. El fútbol puede ser decepcionante más tiempo del que tú puedes permanecer cuerdo.

»

(Un economista con el corazón roto tras perder la Champions)

CAPÍTULO 7

Coleccionismo de arte y esnobs sensiblones

«

El arte es el único activo financiero cuyo valor depende de cuánto silencio puedes mantener frente a un lienzo en blanco.

»

(Un gestor de patrimonio con calcetines de colores)

El mercado del arte es ese extraño rincón de la economía donde los principios fundamentales del capitalismo se ponen de esmoquin, beben champán tibio y fingen que las reglas normales no se aplican. Hemos creado un ecosistema financiero donde una banana pegada con cinta adhesiva a una pared puede venderse por ciento veinte mil dólares, y donde la mejor estrategia de inversión es encontrar a alguien más rico y más inseguro que tú para revenderle tu compra.

EL GRAN CASINO CULTURAL: CUANDO SE DESAFÍA TODA RACIONALIDAD FINANCIERA

Si Wall Street tiene analistas obsesionados con indicadores financieros como el ebitda, los flujos de caja y las ratios precio/beneficio, el mercado del arte tiene a señores con bufandas llamativas que murmuran palabras como *trascendencia*, *diálogo* o *materialidad* mientras observan una tela en blanco como si contuviera los secretos del universo.

«

En finanzas decides con las matemáticas. En arte, con palabrería elegante. Ambos mercados valoran cosas, pero uno usa hojas de Excel y el otro una retórica florida para vender un lienzo en blanco por quinientos mil euros.

»

(Un profesor de Economía con bufanda de colores)

SEGMENTACIÓN PSICOGRÁFICA DEL CIRCO ARTÍSTICO

Pero ¿cuáles son las características psicológicas y emocionales —personalidad, estilo de vida, valores, actitudes, opiniones...— de quienes participan del circo del arte? Veamos al menos tres perfiles:

- **El *ultra high net worth*** —o dicho de una manera más llana y clara, un *archimilloneti*— con complejo de Médici. Su estrategia de inversión consiste en comprar obras que no entiende para impresionar a gente que no le cae bien. Su portfolio incluye un Banksy (porque es subversivo, aunque él evade impuestos), un Koons (porque brillante significa valioso) y algún artista emergente recomendado por su consultor de arte (léase: vendedor de humo con título en Historia del Arte).
- **El *trader* coleccionista.** Aplicando principios de mercados financieros al arte, compra artistas emergentes como si fueran acciones a un euro, diversifica por «sectores creativos» y habla de su colección en términos de «capital emocional». Cuando su esposa pregunta por qué hay una escultura de excrementos dorados en el salón, responde: «Cariño, es un activo no correlacionado con la bolsa».
- **El heredero mecenas.** Nunca ha trabajado un día en su vida, pero financia residencias artísticas donde jóvenes talentosos crean obras que critican el capitalismo. La ironía le pasa tan por encima como el impuesto de patrimonio que evita gracias a su fundación artística.

La **ecuación del prestigio artístico:** el valor percibido de una obra es directamente proporcional a la incomprensibilidad del texto curatorial que la acompaña, multiplicado por el precio del champán servido en su inauguración.

MICROECONOMÍA DEL AIRE ENCUADRADO

Lo fascinante del mercado del arte no es solo que venda productos sin utilidad práctica, sino que ha perfeccionado el arte de convertir la arbitrariedad en sistema económico.

¿Cuál es la cadena de valor (o, mejor dicho, cómo convertir pigmento en yates)? Observa las tablas...

Fase de producción (el artista)	
Coste de materiales	200€
Coste de ejecución	40 horas x 15€/h = 600€
Coste del sufrimiento existencial	Incalculable
Precio de venta al galerista	5.000€ (margen de beneficio del 625%)

Fase de distribución (la galería)	
Precio de compra	5.000€
Coste de exposición (alquiler, copas, folletos ilegibles...)	3.000€
Precio de venta al coleccionista	15.000€ (margen de beneficio del 200%)
Palabras vacías pronunciadas durante la venta	784

Fase de especulación (el mercado secundario)	
Primera reventa en Sotheby's (3 años después)	45.000€
Segunda reventa tras la muerte del artista	280.000€
Tercera reventa durante burbuja del mercado	1.200.000€
Valor real si lo evalúas como un objeto que cuelga en pared	34,50€

En otras palabras, muchas obras de arte contemporáneo carecen de valor material objetivo. Un lienzo en blanco o un urinario firmado valen, materialmente, céntimos.

Su «valor» depende exclusivamente de...

- La opinión del crítico.
- El nombre del artista.
- El consenso subjetivo del mercado.
- La narrativa construida.

En finanzas, vender productos sin activo subyacente constituiría un fraude. En el arte contemporáneo, es un modelo de negocio legítimo: se comercializan conceptos, narrativas y prestigio —activos puramente intangibles— y la gente paga millones.

«

El arte moderno es el único mercado donde puedes vender productos financieros sin base real y llamarlo inversión.

»

LA ALQUIMIA FISCAL: CUADROS EN PARAÍSOS FISCALES

El verdadero genio del mercado del arte es aquel que tiene la capacidad para convertir transacciones financieras sospechosas en expresiones de sensibilidad cultural.

¿Cuáles son las estrategias de optimización patrimonial (o, lo que es lo mismo, «evasión fiscal» en lenguaje culto)? Veamos unas cuantas...

- **La donación estratégica.** Compras una obra por un millón de euros, pagas a tres «expertos» para que la tasen en cinco millones, la donas a un museo público y deduces la diferencia. El museo la guarda en un sótano donde jamás verá la luz, pero tú acabas de ganar cuatro millones en crédito fiscal.

- **El almacén suizo.** Adquieres arte por 30 millones de euros y lo guardas en un puerto franco en Ginebra. Técnicamente, los bienes están «en tránsito», no pagas aranceles, ni IVA ni declaras su existencia. Mientras, puedes usarlos como garantía para préstamos privados.
- **El cambio de jurisdicción.** Compras en Nueva York, vendes en Hong Kong, guardas los beneficios en las Islas Caimán. El único que sabe la ruta completa es tu asesor fiscal, que cobra el 6% por mantener la boca cerrada.

> La **paradoja del coleccionista contemporáneo:** mientras más ruidosamente habla uno sobre la función social del arte, más oculta las transacciones asociadas a su adquisición.

DEL NFT AL WTF *(WHAT THE FUCK?!)*: LA TOKENIZACIÓN DEL ABSURDO

Cuando pensábamos que el mercado del arte había alcanzado su cénit de irracionalidad, llegaron la revolución digital y la tokenización para demostrar que siempre se puede ir un paso más allá.

Pero ¿cómo vender capturas de pantalla por millones?

1. Crea un JPEG que tu sobrino de doce años podría hacer mejor que tú.
2. Regístralo como un NFT por ciento cincuenta euros en tasas de transacción (*gas fees*).
3. Véndetelo a ti mismo por trescientos mil euros (usando otra cartera).
4. Anuncia que has descubierto «el futuro del arte».
5. Revéndeselo a un criptomillonario por 1,2 millones de euros.
6. Huye antes de que Hacienda llame a tu puerta.

Pero aún se puede ir un paso más allá con la *tokenización del aire*, proyectos que venden «experiencias inmersivas» en las que pagas por entrar en una sala vacía con luces de colores proyectadas mientras suena música ambiente. El FOMO ha reemplazado al buen gusto como motor de demanda.

Como habrás podido imaginar, los NTF o tokens —ya sea en el mundo del arte o del fútbol— presentan un problema fundamental: posees el certificado de propiedad, pero no controlas el acceso al contenido. Cualquiera puede ver la imagen, descargarla, copiarla, usarla, compartirla... Todo gratis, sin tu permiso y sin pagarte nada.

Imagina que compras un «título de propiedad» del puente de Brooklyn por cien mil euros y tienes un bonito papel que dice que es tuyo. Pero no puedes impedir que la gente lo cruce gratis cuando quiera, ni cobras peaje..., no controlas nada realmente y todo el mundo lo usa como si fuera público. Eso es un NFT: pagas miles de euros por ser el «dueño oficial» de algo, pero tu «propiedad» es puramente simbólica, no práctica. Has comprado el derecho de presumir, no la propiedad real, con el control, la utilidad o los réditos que suele conllevar esta.

«

Un NFT se parece a un título de propiedad del puente de Brooklyn: técnicamente, tienes un certificado que asegura tu propiedad, pero todo el mundo puede cruzarlo gratis.

»

LA ECONOMÍA DEL POSTUREO CULTURAL

Si estudiamos el mercado del arte desde la perspectiva de la psicología económica, encontramos los sesgos cognitivos más puros del capitalismo tardío, fallos de mercado que han sido elevados a forma artística:

- **Efecto ancla exacerbado.** Un galerista pone un precio inicial absurdamente alto (quinientos mil euros) para que el precio «rebajado» (trescientos cincuenta mil) parezca una ganga. El coleccionista se siente como Warren Buffett haciendo el trato del siglo.

- **FOMO institucionalizado.** Las ferias de arte son festivales del miedo a «quedarse fuera». «Este artista está a punto de explotar» es el equivalente cultural a «esta criptomoneda va a la luna». Ambas afirmaciones suelen preceder a grandes pérdidas de capital.
- **Sesgo de autoridad como modelo de negocio.** El crítico de arte es el único analista financiero que puede valorar activos basándose exclusivamente en adjetivos. *Inquietante*, *provocador* y *desafiante* son términos que añaden ceros al precio sin añadir nada al objeto.

La **paradoja de Warhol:** cuando un artista dice que su obra es una crítica al capitalismo, añade inmediatamente un 30% al precio de venta.

MANUAL DE SUPERVIVENCIA PARA EL MERCADO DEL ARTIFICIO

Para quienes deseen aventurarse en este casino cultural con cierta ventaja, he aquí algunas estrategias que ningún galerista quiere que conozcas.

- **Tácticas de valor** (o cómo no ser el tonto de la sala). El precio real de una obra es aproximadamente el 60% del precio mostrado. Si no regateas en el mundo del arte, eres el equivalente a la persona que paga el precio de catálogo en un concesionario. Además, compra obras de artistas fallecidos que estén en el punto bajo del ciclo de interés. El arte, como la moda, funciona por ciclos de veinte a treinta años. Ese pintor olvidado de los ochenta será «redescubierto» justo a tiempo para tu jubilación.

- **Técnica del museo periférico.** En lugar de perseguir lo que promocionan las grandes galerías, observa qué están adquiriendo los museos de ciudades medianas con presupuestos limitados. Sus curadores tienen que ser selectivos y apostar por valor a largo plazo.
- **Diversificación del escepticismo.** Nunca pongas más del 10% de tu cartera en arte, y de ese porcentaje, no más del 30% en arte contemporáneo. Considera el arte como lo que realmente es: un bien de lujo con potencial especulativo, no una inversión financiera seria.

MORALEJA ECONÓMICA

El mayor valor del arte es la historia que nos contamos con él.

Al final de nuestra excursión por los laberintos del mercado artístico, llegamos a una conclusión tan incómoda como reveladora: el arte contemporáneo es el espejo perfecto de nuestro sistema económico. Un mundo donde el valor está cada vez más desconectado de cualquier realidad tangible, donde la narrativa supera a los fundamentales —las variables estructurales y sostenibles—, y donde la apariencia de exclusividad genera más rendimiento que la utilidad práctica.

El verdadero producto que vende el mercado del arte no son los objetos físicos o digitales, sino algo mucho más valioso: la ilusión de pertenencia a una élite cultural, el derecho a sentirse superior sin tener que justificarlo racionalmente y la promesa de que tu dinero puede comprar algo más trascendente que bienes materiales.

Y aun así, de vez en cuando, entre toda esta espuma financiera y postureo social, una obra genuina nos conmueve, nos desafía o nos hace ver el mundo de otra manera. Ese momento, irónicamente, no tiene precio..., aunque el mercado se empeñe en ponérselo.

«

La mayor obra de arte contemporáneo es el propio mercado del arte: una *performance* colectiva donde millonarios fingen entender garabatos mientras artistas fingen que no les importa el dinero.

»

(Un subastador jubilado con unas copas de más)

CAPÍTULO 8

La fiesta nacional: el *hedge fund* español que nunca quiebra

EN LA ECONOMÍA GLOBAL, España puede que sea ese país periférico con deuda soberana cuestionable, pero cuando se trata de convertir la juerga en PIB, somos la potencia hegemónica indiscutible. Mientras Alemania fabrica coches y Suiza gestiona fondos, nosotros hemos perfeccionado el arte de monetizar el cachondeo hasta convertirlo en nuestra principal ventaja competitiva. Cuando el Banco Central Europeo (BCE) analiza nuestra productividad, debería medir no solo el *output* por hora trabajada, sino también el índice de felicidad por euro gastado en alcohol.

«

La sangría es el único derivado financiero que se sirve con una rodaja de naranja.

»

(Un bróker en alpargatas negociando futuros de hielo)

FESTECONOMÍA

La fiesta española no es una simple válvula de escape social; es un complejo ecosistema económico donde el ruido se cotiza al alza y cada resaca genera multiplicadores keynesianos —es decir, los definidos por el economista John Maynard Keynes, defensor de la intervención activa del Estado en la economía para estabilizar mercados y evitar recesiones profundas—. Para entender cómo opera, debemos analizar los activos subyacentes.

El multiplicador keynesiano nos dice que, cuando alguien gasta dinero, ese desembolso se convierte en un ingreso para otros, que a su vez gastan una parte, generando así más actividad económica en cadena. Es como tirar una piedra en el agua: las ondas se multiplican.

Por ejemplo, si el Estado invierte cien millones de euros en infraestructuras, eso paga salarios a constructores, que compran alimentos, ropa, ocio... Los comerciantes reciben ese dinero y, a su vez, lo gastan. Así, esos cien millones iniciales pueden generar ciento cincuenta, doscientos o más millones en actividad económica total, dependiendo de cuánto se consuma en cada ronda.

EL CAPITAL HUMANO JARANERO

Empecemos haciendo una segmentación del consumidor festivo:

- **Locales *hardcore*.** Son los nativos de la celebración. Invierten como *value investors:* conocen el valor intrínseco de cada verbena y minimizan el gasto con técnicas optimizadas (petacas escondidas, tapeos estratégicos y rutas de baños gratuitos). Son los inversores minoristas, los pequeños ahorradores que invierten, pero con una alta recurrencia.
- **Turistas prémium.** Los inversores extranjeros de capital festivo operan como *momentum traders:* entran con fuerza, gastan sin control y salen cuando sus cuerpos (o sus tarjetas) dicen basta. Son el *smart money* (los inversores profesionales, con acceso a información privilegiada y recursos enormes) del chiringuito.
- **Funcionarios de fin de semana.** Representan a la clase media de la juerga. Gestionan su cartera festiva con prudencia de lunes a jueves para desatar una liquidez controlada de viernes a domingo. Su estrategia: diversificación (cerveza, vino y chupito de hierbas) con *stop-loss* emocional (lo que el común de los mortales llamaríamos «saber dónde parar para evitar pérdidas mayores», como la llamada de tu pareja a la una de la mañana).

El **principio de Paco:** por cada euro presupuestado para una fiesta española, el gasto real será exactamente 2,7 veces mayor, con una desviación estándar directamente proporcional al número de veces que se pronuncie «la última y nos vamos».

LA MICROECONOMÍA DE LA RESACA PLANIFICADA

Cada festejo tradicional español es un ejercicio magistral de ingeniería financiera donde se maximiza el retorno emocional mientras se diluye el impacto fiscal:

El Rocío: capital privado religioso con botas de cuero

El Rocío no es una romería; es un fondo de inversión espiritual donde el capital inicial (la promesa) genera dividendos intangibles (el perdón) y tangibles (las fotos de Instagram). La estructura de costes revela su genialidad.

Empecemos por los *assets under management* (activos bajo gestión), un concepto financiero que normalmente mide todo el dinero que maneja un fondo de inversión (que en el caso del Rocío, incluiría todo lo que se mueve durante la romería). Si contamos un millón de romeros gastando una media de quinientos euros cada uno en transporte, comida, bebida, alojamiento y trajes..., tenemos 500 millones de euros circulando, lo que vendría a ser la capitalización bursátil, pero en versión fiesta religiosa. ¡Quién necesita Wall Street teniendo el Rocío!

Los caballos son otro tipo de activo vinculado al gasto de ostentación. Un coche de lujo, pero con patas y crines. Pierden un 20% de su valor cada año (envejecimiento, gastos de veterinario...), pero aportan un 35% gracias al factor de ostentación —vamos, que nos permiten presumir—: el estatus social que aportan, las fotos para Instagram y el respeto que despiertan en el camino compensan con creces la pérdida económica. Dicho de otro modo: pierdes pasta manteniendo al caballo, pero ganas tanto prestigio que vale la pena.

Las casas de hermandad tampoco se libran de la analogía financiera. Son como REIT, pero con diversión añadida. En finanzas, un REIT es un fondo de inversión inmobiliaria que genera ingresos por alquilar o vender propiedades; en el Rocío, las casas de hermandad son inmuebles donde las hermandades se reúnen, comen, beben y socializan. Su retorno no es dinerario, sino social, y viene con música en directo y vino fino incluidos.

Y luego tenemos la estructura de costes, que es todo lo que hay que invertir para participar en la romería. Los trajes de flamenca suponen una inversión inicial de entre trescientos y ochocientos euros, amortizables normalmente en tres años —es decir, un traje de seiscientos euros te sale realmente doscientos euros al año, y de paso te garantiza estilo y aplausos—. Las carretas son activos fijos, duraderos, pero su mantenimiento varía según la cantidad de flores y adornos; a más floripondio, más gastos, pero también más glamur.

En resumen, en el Rocío, cada gasto y cada bien adquirido se puede analizar como una inversión, con su depreciación, su coste y su retorno. La diferencia con las finanzas tradicionales es que aquí el retorno sobre la inversión más importante es espiritual (para los rocieros con fe), social (medible en el número de contactos, multiplicados por la intensidad emocional del momento), cultural y mediático (cuantificable en *stories*/hora × *engagement rate*).

«

La verdadera inflación del Rocío no está en los precios, sino en las historias que se cuentan después: cada año son un 20 % más épicas y un 30 % menos ciertas.

»

(Un rociero en diciembre)

San Fermín: derivados de adrenalina y futuros de supervivencia

Los sanfermines funcionan como un mercado de opciones donde los participantes apuestan su integridad física a cambio de una posible alta rentabilidad experiencial.

Veamos cuál es la anatomía financiera del encierro:

Prima de riesgo	Medida no en puntos básicos sino en centímetros de asta multiplicada por el número de toros
Liquidez del mercado	3.000 corredores para 6 toros (ratio 500:1)
Volatilidad	Directamente relacionada con el peso del animal y la resaca del corredor
Arbitraje	Imposible; la única cobertura es una buena condición física o un balance de alcohol óptimo (suficiente para mitigar el miedo, insuficiente para ralentizar la reacción)

El encierro es la perfecta representación del dilema riesgo/rentabilidad: a mayor peligro asumido (correr en la curva de la Estafeta, colocarse frente al toro), mayor potencial de rentabilidad social (aparecer en las noticias, ganar el respeto eterno del grupo). Es un mercado perfectamente ineficiente donde la información asimétrica (saber qué toro tiene tendencia a embestir por la derecha) genera retornos superiores al mercado (*alfa*) aprovechando información o ventajas exclusivas de las que disponen ciertos actores internos (*insiders*).

Pero el verdadero motor de Pamplona durante los sanfermines es la economía fiestera. Mientras el encierro captura los titulares, la economía pamplonesa trabaja con multiplicadores bien distintos:

- Carajillos matutinos. El desayuno preencierro genera un margen de beneficio (*markup*) del 200% (precio normal: 1,80 euros; precio sanferminero: cinco euros).

- Camisetas de «Sobreviví al encierro». Dejan un margen bruto del 900%, con una elasticidad precio-demanda cercana a cero.
- Habitaciones compartidas. El *yield management* hotelero eleva una habitación de sesenta euros la noche a trescientos, con ocupación garantizada de seis personas (¡mil ochocientos euros por quince metros cuadrados!).

La **paradoja del calimocho:** en San Fermín, la curva de la utilidad marginal del alcohol es perfectamente lineal hasta el octavo vaso, momento en que se vuelve exponencial..., pero en sentido negativo.

La Tomatina: commodities *agrícolas con uso alternativo*

Buñol (Valencia) convirtió un excedente agrícola en un modelo de negocio disruptivo, demostrando que la destrucción creativa de Schumpeter puede ser literal y divertida.

Destrucción creativa de Schumpeter: teoría del economista Joseph Schumpeter que dice que la innovación destruye lo viejo para crear algo nuevo y mejor. En la Tomatina literalmente se destruyen tomates (uso tradicional: comérselos) para crear una experiencia turística.

¿Cuál es el balance económico de la batalla roja? Veamos unas cifras...

Activos consumidos	150.000 kg de tomate (valor de mercado: 30.000 €)
Ingresos generados	22.000 entradas a 12 € = 264.000 €
Hospedaje, restauración y *merchandising*	≈ 1,5 millones €
Exposición mediática mundial	Incalculable (pero superior a 10 millones € en equivalencia publicitaria)

Cada euro invertido en producto perecedero genera cincuenta euros en retorno económico directo. Es la transformación de un producto básico o materia prima (*commodity*) de bajo valor en una experiencia prémium con márgenes dignos de Apple.

La Tomatina funciona como un mercado de intercambio donde la divisa base (el tomate, su «moneda» local) se intercambia por divisas fuertes (euros, dólares, libras..., dinero real) a un tipo de cambio absolutamente favorable para los locales. Es arbitraje puro: compras tomate de mala calidad a precios de mayorista y lo vendes transformado en diversión a un precio de consumo final (*retail*) prémium.

«

Si Wall Street entendiera la Tomatina, habría futuros de pulpa de tomate cotizando en el Chicago Board Options Exchange (CBOE), la mayor bolsa del mundo especializada en derivados financieros.

»

Fallas valencianas: bonos basura que dan rendimiento

Las Fallas son el único producto financiero que funciona mejor cuando se quema. Una estructura piramidal perfectamente sostenible, donde la destrucción del capital físico genera apreciación del capital cultural.

Veamos la contabilidad creativa del fuego fallero.

El *capital expenditure* (CAPEX o gasto de capital) es básicamente la pasta que inviertes en activos que se supone que van a durar mucho..., pero que en el caso de las Fallas apenas duran cuatro días. Y es que un *ninot* puede costar entre sesenta mil y doscientos mil euros. La amortización es acelerada vía *cremà:* compras, contemplas y quemas. El valor residual son cenizas, *commoditizadas* o mercantilizadas en forma de recuerdo sentimental, porque en Valencia todo se transforma en selfi, nostalgia o *souvenir* caro.

¿Cómo encontrar una financiación estructurada para algo que se va a convertir en humo? El dinero llega por vías creativas:

- ***Crowdfunding* tradicional** (cuotas falleras). Todos ponemos un poco para que alguien pueda construir un *ninot* gigante que luego se convertirá en humo.
- **Subvenciones públicas.** Papá Estado emite el cheque para rescatar al primo flojo, es decir, al sector que no puede financiarse a sí mismo. Una inyección de dinero sin preguntas.
- **Loterías y rifas** (microinversiones de riesgo). Pagas poco, sabes que perderás, pero sueñas con ser millonario. Igual que jugar con criptomonedas alternativas, pero con una papeleta y un poquito más de fe que de análisis financiero.

¿Y cuáles son las externalidades positivas?

- Impacto económico: 350 millones de euros.
- Renovación urbana vía destrucción programada: derribamos para modernizar, literalmente.
- Depreciación de inmuebles cercanos a las mascletás, compensada por la apreciación del valor cultural.

Las Fallas demuestran que la destrucción planificada puede ser un motor económico. Son el equivalente festivo a la obsolescencia programada, pero con fuegos artificiales y aplausos. Inviertes en algo que se quema, y de ese humo nacen fotos virales, experiencias épicas y, si tienes suerte, recuerdos que —en lo emocional, claro— valen más que el *ninot indultat*.

El **dilema del *ninot indultat*:** el único activo fallero que se salva (el *ninot* elegido por votación popular que se salva de la *cremà*) multiplica inmediatamente su valor por diez, demostrando que la escasez artificial es la base de toda valoración artística. Es decir, destruir el resto es la mejor estrategia para crear valor.

Ferias andaluzas: el verdadero mercado continuo español

Las ferias de Sevilla, Málaga o Jerez son foros de negociación privados y opacos (*dark pools*) donde se intercambian tres tipos de activos: sociales, etílicos y flamencos. Su diseño como espacios semiprivatizados (casetas) con limitación de acceso crea la escasez artificial perfecta.

Veamos, por ejemplo, la estructura de mercado del Real.

- **Casetas privadas.** Clubes exclusivos donde la moneda de acceso no es el euro, sino el capital social. Pertenecer a la caseta adecuada puede valer más que un MBA en términos de *networking* efectivo.

- **Economía del fino.** El rebujito actúa como lubricante de las transacciones sociales. Cada copa (que vale de tres a cinco euros) reduce la aversión al riesgo del inversor social y aumenta la probabilidad de cerrar acuerdos (profesionales o románticos).
- **Mercado de futuros del baile.** Las sevillanas funcionan como opciones *call* —tienes el derecho pero no la obligación de bailar—. El precio de hacerlo es tu dignidad.

La genialidad económica radica en su sistema de precios dinámicos: todo es más caro dentro de la feria, pero el ecosistema cerrado y la presión social eliminan la elasticidad de la demanda. La irracionalidad económica se racionaliza como «tradición».

《

La feria de Sevilla es el único lugar donde la teoría económica neoclásica —esa que dice que las personas actuamos racionalmente para maximizar beneficio y minimizar costes— muere cada noche a las tres de la madrugada.

》

EL MODELO IBICENCO: CAPITALISMO HEDONISTA EN ESTADO PURO

Ibiza perfeccionó lo que el resto de España apenas intuía: se puede crear un modelo económico donde el precio no tiene relación alguna con el coste, sino con la percepción de exclusividad.

Así, las discotecas se convierten en «extractoras de plusvalías emocionales»: una entrada básica cuesta ochenta euros (su coste real es de dos euros en personal por entrada); una mesa vip, mil euros mínimo (con un coste real de ciento cincuenta euros por botella más diez euros de servicio); una botella de vodka, 450 euros (cuando su precio en el mayorista son dieciocho); un DJ estrella captura el 30% del valor generado por la fiesta, a pesar de que solo generan el 0,1% de la música escuchada...

El modelo ibicenco es puro monopolio de experiencia con discriminación de precios perfecta. El consumidor paga por la exclusividad, la historia que contará y la envidia que generará, no por el contenido objetivo de lo consumido.

La **función hedonista del consumo** se refiere a la manera en que bienes y servicios se consumen principalmente para obtener placer, satisfacción o bienestar personal, y no para cubrir las necesidades básicas. En otras palabras, no compras ese deportivo porque lo necesites para ir al trabajo, sino porque escuchar cómo ruge el motor te da más felicidad que cualquier terapia.

En Ibiza, la utilidad marginal de cada euro gastado decrece drásticamente hasta llegar a los mil euros, momento en que vuelve a aumentar exponencialmente porque «ya que estamos, vamos a petarlo».

MORALEJA ECONÓMICA: LA GENIALIDAD DE LA IRRACIONALIDAD FESTIVO-CULTURAL

La economía festiva española desafía todos los principios de la teoría neoclásica y, sin embargo, funciona con precisión matemática. Nuestra ventaja competitiva nacional no está en la productividad laboral convencional, sino en la eficiencia con que transformamos el ocio en un valor económico.

Los españoles hemos creado algo que ningún manual de economía explica: un sistema donde el PIB crece gracias a actividades que técnicamente no son productivas, pero que generan más valor añadido que muchas industrias tradicionales. Mientras otros países invierten en I+D tecnológico, nosotros hemos perfeccionado el I+D+i festivo (ingenio+desenfreno+improvisación).

Y aunque los economistas ortodoxos se escandalicen, quizá el secreto esté en que hemos entendido una verdad fundamental: en una economía postescasez, el verdadero lujo no son los bienes materiales, sino las experiencias auténticas. Hemos convertido la alegría en un producto estandarizado y exportable, en un producto empaquetado y vendible globalmente, y la tradición en un activo financiero.

Por eso, mientras los mercados suben y bajan, las primas de riesgo fluctúan y los Gobiernos tiemblan, la fiesta española mantiene su rentabilidad sostenida. Porque invertir en momentos que generan felicidad quizá sea, después de todo, la estrategia financiera más inteligente a largo plazo.

«

Los activos convencionales se deprecian con el tiempo; los recuerdos de una buena fiesta española se aprecian con cada resaca superada.

»

(Un analista financiero bailando sevillanas a las cuatro de la mañana)

CAPÍTULO 9

OnlyFans: el mercado de los deseos y la economía del morbo

LA VERDAD INCÓMODA no es que exista OnlyFans, sino que funcione tan jodidamente bien. OnlyFans no es una aplicación, es una *masterclass* de capitalismo descarado donde los creadores son la banca en un casino, y los suscriptores, apostadores con la dopamina por las nubes.

La plataforma se lleva el 20% de cada transacción, mientras los creadores facturan el resto. En 2023, el negocio movió más de 1.500 millones de dólares, demostrando que el morbo no es solo vicio: es la versión despeinada de la ley de oferta y demanda.

Aquí, la oferta son cuerpos, fantasías y hasta tutoriales de yoga en tanga. La demanda es tan vieja como la humanidad: «Quiero ver, sentir y poseer lo que no tengo». Es el mercado perfecto: sin intermediarios moralizantes, sin fricciones logísticas, sin excusas. Solo tú, tu *smartphone* u ordenador, y una tarjeta de crédito que no hace preguntas mientras tus ahorros se derriten.

Asistimos al nacimiento de una economía de escasez artificial: contenido exclusivo en un mundo donde todo se filtra. La genialidad perversa es que la plataforma ha monetizado algo tan antiguo como la humanidad: el deseo de ser especial para alguien a quien nunca conocerás.

«

Si el dinero es el puto lenguaje universal, aquí hablamos un dialecto caliente.

»

(Anónimo)

TEORÍA DE JUEGOS EN TACONES ALTOS

Cada interacción en OnlyFans es un ejercicio de la teoría de juegos donde ambas partes creen ganar:

El suscriptor piensa: «Estoy accediendo a contenido exclusivo de alguien que me desea» (falso); el creador, por su parte: «Estoy vendiendo la ilusión de deseo a alguien a quien nunca conoceré» (verdadero).

Es el equilibrio de Nash (véanse páginas 190 y 263) más rentable desde que se inventaron los casinos. Nadie tiene incentivos para cambiar su estrategia, aunque todos saben implícitamente que juegan en tableros diferentes.

TECNOLOGÍA: EL MOTOR TRAS EL TELÓN DE TERCIOPELO

Detrás de los *live streams* y de las fotos en 4K hay una infraestructura tecnológica que haría babear a los ejecutivos de Wall Street:

- **Pasarelas de pago discretas.** Para que en tu extracto bancario aparezca «servicios digitales» en lugar de «pago por ver a Sandra hacer cosas insólitas con un pepino».
- **Algoritmos de recomendación,** más precisos que los modelos predictivos del mercado de futuros. Si te gustan las chicas *fitness*, te sugieren una creadora que hace sentadillas en directo mientras explica los beneficios de las criptomonedas.
- **Gestión de derechos digitales** (DRM, por sus siglas en inglés) **y seguridad.** Los sistemas antipiratería protegen las fotos y los vídeos de los creadores, evitando que sean descargados, copiados o distribuidos sin autorización. Es lo mismo que poner «candados digitales» a los contenidos para que solo los vean quienes pagan por ellos. Cazan piratas como los halcones codornices. Piratear es más complicado que entender la política monetaria de la Reserva Federal de Estados Unidos.
- **Analítica en tiempo real.** Los creadores monitorizan qué contenido vende más como un *trader* vi-

gilando gráficos bursátiles. ¿Vídeos de pies? Suben un 300%.

EL MONOPOLIO DEL DESEO: MICROECONOMÍA APLICADA

OnlyFans ha creado el escenario perfecto para estudiar la discriminación de precios de tercer grado. Cada creador establece diferentes precios para diferentes servicios, extrayendo el máximo excedente del consumidor.

- Suscripción básica: entre cinco y cincuenta dólares al mes (precio de entrada, como las comisiones de un fondo indexado).
- Mensajes privados: 15-50 dólares (como comprar acciones individuales).
- Contenido personalizado: 100-1.000 dólares (opciones exóticas de alto riesgo).

Esta estratificación de precios segmenta el mercado con la precisión de un cirujano borracho, pero eficaz. Cada usuario paga exactamente lo máximo que está dispuesto a desembolsar por un nivel específico de «conexión».

ANALOGÍAS DE INVERSIÓN: CREADORES COMO *VALUE STOCKS*

En la economía digital, los creadores de contenidos se parecen más a empresas que a artistas. No viven del romanticismo bohemio ni de esperar a que llegue la inspiración divina: viven de combinar finanzas, *marketing* y psicología de la demanda, convirtiendo la creatividad en un activo rentable como quien monta una franquicia de kebabs.

Porque seamos claros: un *youtuber* con dos millones de suscripciones tiene más en común con el CEO de una *startup* que con Van Gogh. Sus estrategias no son improvisadas, son calculadas. Y las mejores funcionan como inversiones de valor: infravaloradas al principio, explosivas a largo plazo. Veamos algunas de sus claves.

- **Inversión de valor en la era digital.** Los creadores exitosos no son simples exhibicionistas: son empresas unipersonales con ventajas competitivas definidas. Una modelo que explica finanzas personales en lencería tiene su *moat* o ventaja defensiva: combina nicho intelectual con gancho visual. Es similar a comprar acciones de Coca-Cola en los ochenta, pero con *hashtags* y gemidos fingidos que cotizan al alza.
- **Diversificación de cartera (pero en contenidos).** Los principales creadores dominan la estrategia de la venta cruzada (*cross-selling*) como Amazon en sus mejores

días. No se limitan a desnudos: venden chats personalizados, vídeos a medida, *merchandising* autografiado y hasta cursos de «cómo ser como yo». Es la estrategia de productos derivados llevada al mundo adulto.

- **Elasticidad precio-demanda en carne viva.** En este caso, la ley de la demanda se manifiesta con la sutileza de un martillo. Si un creador sube el precio de diez a quince dólares, pierde el 30% de suscriptores..., pero los leales le pagan más. ¿Resultado? Los ingresos totales apenas se mueven, demostrando una elasticidad cercana a uno en el punto de equilibrio. Son curvas de demanda que harían sonrojar a Alfred Marshall.

LA ECONOMÍA DE LA ATENCIÓN: EL VERDADERO CAPITAL ESCASO

Lo realmente fascinante es cómo OnlyFans ha monetizado la atención personalizada en la era de la sobreabundancia de contenido gratuito. Lo que los usuarios compran no es pornografía (sobra en internet), sino la ilusión de exclusividad.

Es la aplicación perfecta del concepto de *bien posicional:* su valor deriva precisamente de la escasez percibida. Cuando un creador responde «hola, guapo» a un mensaje que costó quince dólares, está vendiendo un bien posicional de alto rendimiento emocional.

EL EFECTO VEBLEN: CUANTO MÁS CARO, MÁS DESEABLE

La **paradoja del efecto Veblen:** la demanda de un bien aumenta a medida que su precio sube porque se percibe como un símbolo de estatus o de lujo; cuanto más caro es, más exclusivo y deseable parece.

Algunos creadores top aplican el efecto Veblen con maestría. Suben sus precios estratégicamente no para maximizar el volumen, sino para crear una percepción de exclusividad. Un mensaje privado a cincuenta dólares genera más deseo que uno a cinco, aunque el contenido sea idéntico. Es el mismo principio que aplica Louis Vuitton cuando quema bolsos no vendidos para mantener precios estratosféricos. Pero aquí las que se queman son las esperanzas de los suscriptores de bajo presupuesto.

LA PSICOLOGÍA DEL SUSCRIPTOR: EL INVERSOR EMOCIONAL

El que paga veinte dólares mensuales no compra contenido: compra la fantasía de intimidad. Es el mismo sesgo cognitivo que lleva a un inversor *amateur* a mantener una acción en caída libre: «Si me voy ahora, pierdo todo lo invertido».

Y aquí está el secreto económico más sucio: el 80% de los ingresos provienen del 5% de los usuarios. Son las ballenas del sistema, los que pagan mil dólares por un vídeo donde el creador o creadora pronuncia su nombre. Es lo que se conoce como distribución de Pareto (o regla del 80/20): un pequeño porcentaje de clientes genera la mayor parte de los ingresos, mientras que el grueso de usuarios consume gratis o casi gratis. En este caso, la concentración es tan brutal que haría llorar a un estadístico.

Estos megausuarios sufren del sesgo de costo hundido llevado al extremo: cuanto más pagan, más justifican seguir pagando. La racionalidad económica se rinde ante la dopamina de recibir un corazón virtual a cambio de media nómina.

EXTERNALIDADES Y COSTOS OCULTOS: LA ECONOMÍA SUMERGIDA

Como todo mercado disruptivo, OnlyFans genera externalidades.

- Positivas: democratización del trabajo sexual, reducción de intermediarios abusivos, empoderamiento financiero de colectivos marginados...

- Negativas: falsas expectativas relacionales, adicciones financieras, mercantilización extrema de la intimidad...

La plataforma ha transformado una externalidad negativa (la estigmatización del trabajo sexual) en una oportunidad de mercado, internalizando los beneficios mientras externaliza parte de los costos sociales.

EN CONCLUSIÓN: EL MERCADO PERFECTO E IMPERFECTO

OnlyFans es el S&P500 de los deseos carnales. Ha encontrado el equilibrio perfecto entre tecnología fría y pasión caliente, entre microeconomía racional y macrodeseos irracionales. Sus creadores operan como *traders* de su propia imagen, analizando tendencias, diversificando productos y maximizando el valor de cada activo. Los suscriptores, por su parte, son inversores emocionales que confunden transacciones con conexiones, pagando precio de diamante por circonita digital.

¿Es ético? Esa pregunta es tan útil como cuestionarse si es ético que existan los fondos buitre o los créditos *subprime*. El capitalismo no pregunta, solo ejecuta. Y mientras existan internet, las tarjetas de crédito y las soledades conectadas, este mercado seguirá haciendo lo que mejor sabe: convertir deseos en decimales en una cuenta bancaria.

Y, mientras tanto, las curvas de oferta y demanda siguen encontrándose, solo que ahora llevan lencería y nombre de usuario.

PARTE III

El manual del superviviente

DESPUÉS DEL CALLEJÓN (parte I) y del circo (parte II) entramos, por fin, en el arsenal: teoría, estrategia, herramientas. Aquí se concentra el grueso conceptual del libro, pero no como conocimiento muerto, sino como armamento para el ring financiero. Toros, osos, carteras, monopolios, duopolios, Bertrand, teoría de juegos, gráficos, análisis fundamental, gestión del caos, filosofía de la riqueza, Gatsby como metáfora económica... y los consejos finales, canallas y sin filtro.

¿Por qué al final y no al principio? Porque primero necesitabas ver la realidad en acción. Si te soltábamos la teoría de juegos o la paradoja de Bertrand sin contexto, te habrías dormido o te habrías ido a buscar otro libro. Pero ahora que has visto al taxista haciendo arbitraje y has descubierto el oligopolio del pádel y el fútbol como máquina de dinero irracional, la teoría cobrará sentido. Ahora, los conceptos no te resultarán una mera abstracción: serán una explicación de lo que ya has vivido.

Esta parte se convertirá en tu caja de herramientas: con ella, podrás invertir sin morir, leer gráficos como un corsario, detectar monopolios disfrazados de libre mercado, jugar al póker mental en tus negocios y evitar venderte aunque te ofrezcan el mundo. Remataremos con Gatsby (la trampa de la ambición vacía) porque es necesario aplicar cierta perspectiva filosófica también al mundo de las finanzas: no se trata solo de cómo ganar dinero, sino de para qué y a qué precio, y de tener claro qué significa realmente la riqueza.

El orden importa: primero la calle, luego el circo y finalmente el arsenal. Así no te pierdes. Así no te engañan. Así sobrevives.

CAPÍTULO 10

El arte de invertir (sin morir en el intento)

LA CAZA DEL TESORO INFRAVALORADO

La inversión en valor se parece a ese arte ancestral de comprar en el Rastro: identificar el Rolex auténtico entre montañas de imitaciones chinas y encima regatear. Warren Buffett no es ningún gurú iluminado que medita en una cueva; es más bien el Santiago Segura de las finanzas, un tipo que se pasea por el mercado buscando gangas con la misma determinación con la que un madrileño persigue el último taxi libre un sábado a las tres de la madrugada.

Pero, ojo, no confundamos invertir en valor con simplemente «comprar barato porque me sale de la boina». La diferencia es sutil, pero crucial, como distinguir entre un *gin-tonic* de rechupete y el que te sirven en la barra libre de la boda de tu primo.

LOS FILTROS: COMO TINDER, PERO PARA EMPRESAS

El proceso empieza con los filtros cuantitativos, igual que cuando abres una aplicación de citas: Benjamin Graham (1894-1976), el abuelo sabio de esta filosofía, te diría que busques empresas con...

- **Un precio dividido entre el beneficio (PER) bajo.** Intenta encontrar un piso de cien metros cuadrados en Malasaña por quinientos euros al mes: no imposible, pero casi.
- **Un precio por debajo del valor contable (P/B) menor que 1.** Imagina comprar un coche por menos dinero que la suma de sus piezas —eso es un P/B inferior a 1—; es el equivalente financiero a encontrar oro en la basura.

Tras esta primera criba, pasamos a lo cualitativo: analizar si la empresa tiene un foso competitivo (*moat*) más ancho que la colección de excusas que tienes para no ir al gimnasio. Apple, por ejemplo, tiene un foso de marca tan profundo que sus clientes pagarían por una manzana mordida aunque viniera sin iPhone.

LA FÓRMULA MÁGICA (Y NO, NO ES LA DE KARLOS ARGUIÑANO)

Joel Greenblatt, ese mago financiero que parece sacado de una película de Harry Potter con traje, desarrolló su fórmula mágica: combinar empresas con una rentabilidad sobre capital empleado (ROCE) —cuánto beneficio genera la empresa por cada euro que invierte en su negocio— elevada y que, al mismo tiempo, tienen un valor de mercado bajo en comparación con sus beneficios operativos.

Es como buscar en Wallapop un iPhone 13 por cien euros, pero que además venga con la garantía de Apple. La magia no está en la fórmula en sí, sino en la disciplina para aplicarla cuando todo el mundo está ocupado comprando acciones de empresas de cohetes porque «el futuro está en el espacio, tío».

«

El mercado funciona cotidianamente como una máquina de votar, pero a la larga lo hace como una báscula.

»

(Benjamin Graham, mientras pesaba sus bolsillos llenos de dinero)[2]

EL CASO EDDING: LA PUNTA AFILADA DEL NEGOCIO

Tomemos el caso de Edding AG. Esta empresa alemana de rotuladores se parece a ese vecino silencioso que des-

---

2 Graham, B. (1986). *The intelligent investor.* Harper & Row Publishers.

cubres que es millonario cuando le ves aparcando un Porsche: pasa desapercibida, pero tiene una solidez brutal.

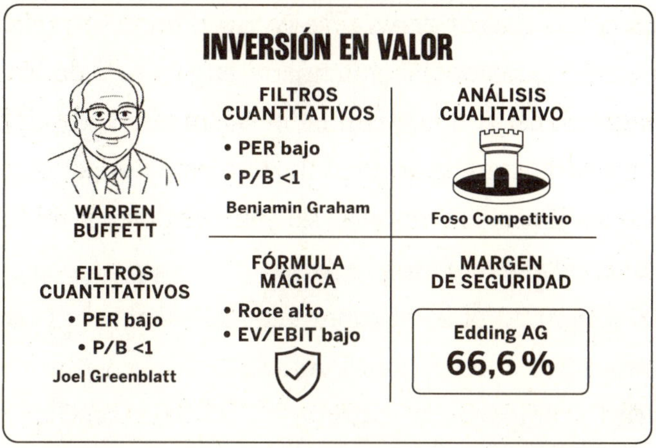

Con un margen de seguridad del 66,6% (valor intrínseco calculado en 293 euros frente a una cotización de 98 euros), comprar acciones de Edding equivale a encontrar un billete de 50 euros en un pantalón viejo: pura alegría inesperada.

Su secreto no es fabricar rotuladores mágicos, sino una combinación de...

- Disciplina teutona en el **control de costes** (ni un céntimo se desperdicia, como en una casa de abuelos alemanes).
- **Crecimiento orgánico** sin aventuras empresariales extravagantes.
- **Accionistas familiares** que no se dedican a comprar yates, sino a **reinvertir** en el negocio.

EL MARGEN DE SEGURIDAD: TU PARACAÍDAS FINANCIERO

El margen de seguridad es ese colchón que pones debajo cuando te lanzas a la piscina financiera. Es tu escudo contra la estupidez propia y ajena en los mercados.

Graham lo compara a comprar un coche de segunda mano por la mitad de su valor: si te equivocas en la tasación, aún tienes margen para arreglarlo y no salir perdiendo.

Y si te preguntas qué demonios es el valor intrínseco, hablamos del flujo de caja descontado (DCF): el dinero que generará la empresa en el futuro, traído al presente aplicando una tasa de descuento que incluye factores como estos:

- El riesgo de que el CEO se fugue con la caja a Punta Cana.
- La posibilidad de que su producto pase de moda más rápido que las Google Glass.
- La inflación, el impuesto invisible que hace que tu café suba como si llevara oro molido.

LA MICROECONOMÍA DETRÁS DE TODO: EL SECRETO OCULTO

La belleza de la inversión en valor radica en entender la microeconomía subyacente. Cuando compras acciones de una empresa, no estás comprando un papel; estás adquiriendo una porción de un negocio real que produce bienes o servicios dentro de un ecosistema económico.

La oferta y la demanda no son solo palabras que memorizaste para un examen. Son fuerzas reales que determinan si Edding venderá más rotuladores este trimestre. La elasticidad del precio explica por qué Coca-Cola puede subir diez céntimos la lata de refresco y seguir vendiendo millones, mientras que otras marcas desaparecerían con esa misma subida.

El coste de oportunidad no es un concepto abstracto, sino la razón por la que tus mil euros están mejor en acciones infravaloradas que en esa cuenta de ahorro al 0,01% que te vendió tu banco con la misma convicción que si fuera la panacea financiera.

EN CONCLUSIÓN: LA PACIENCIA ES LA MADRE DE TODAS LAS GANANCIAS

La inversión en valor no es sexi, no da titulares, ni conversaciones de ascensor. Es más bien como un guiso a fuego lento: necesita tiempo, pero el resultado final compensa con creces.

La próxima vez que alguien te hable de hacer dinero rápido en bolsa, recuerda que tito Buffett, el inversor más exitoso de la historia, se hizo rico lentamente. Su secreto no fue ningún algoritmo revolucionario ni poseer información privilegiada, sino entender que la paciencia en el mercado financiero, de la misma manera que la levadura en el pan, es invisible, pero absolutamente necesaria para que todo crezca.

Y la moraleja es clara: en un mundo de *traders* hiperventilados buscando el pelotazo rápido, sé esa persona que compra barato, espera con paciencia y vende caro. No porque te resulte fácil, sino porque, como decía mi abuela, «lo bueno, si es lento, dos veces bueno».

Y es que debes aprender una lección crucial: el 90% de los inversores pierden porque creen que estar activos es sinónimo de ser productivos. La realidad es que los mercados ofrecen quizá dos o tres oportunidades claras al año. El resto del tiempo estás pagando comisiones para alimentar a tu bróker.

«

La paciencia es un superpoder, ¡cojones!

»

(Un imitador de Warren Buffett después de unas copas)

CAPÍTULO 11

El ring financiero: toros contra osos

LA BATALLA ETERNA DE LOS MERCADOS

El mercado financiero parece un bar de copas a las tres de la madrugada: lleno de optimistas que creen que ligarán (alcistas) y pesimistas que ya piensan en el Uber para irse a casa (bajistas). Este duelo marca el ritmo de las finanzas con la misma intensidad que un derbi madrileño, pero con más dinero en juego y menos faltas por patadas en el tobillo.

Cuando el IBEX sube, tu cuñado se transforma en Jordan Belfort —bróker estadounidense que en los años noventa estafó millones de euros con acciones basura, fue a prisión, escribió sus memorias en *El lobo de Wall Street* y ahora da charlas motivacionales— más rápido que un adolescente cambiando la pantalla cuando entra su madre. Se pavonea en las comidas familiares explicando cómo predijo el repunte «porque los fundamentales estaban ahí». Pero cuando el mercado se desploma, desaparece como un futbolista tras fallar un penalti decisivo, mientras borra frenéticamente sus tuits pronosticando que «esto solo podía subir».

«

En Wall Street hay dos opiniones: o el mundo se acaba mañana, o nos vamos todos a la Luna en cohete. Y ambas pueden estar equivocadas al mismo tiempo.

»

(Un bróker con resaca, probablemente)

EL MIEDO TIENE NOMBRE: EL ÍNDICE DE VOLATILIDAD

El índice de volatilidad (VIX) es ese termómetro del pánico bursátil. Marca las crisis con más precisión que los pronósticos de lluvia de tu abuela cuando le duele la rodilla. Cuando el VIX sube, los inversores corren a refugiarse en activos seguros como si Telecinco hubiera anunciado un documental cultural en *prime time*.

Y aquí entra uno de los fenómenos más curiosos: la reversión a la media. Este concepto financiero es como creer que el Betis volverá a conquistar la Liga: teóricamente posible, pero requiere una fe inquebrantable y que los astros se alineen con más precisión que una coreografía de Rosalía. La idea es simple: los precios extremos tienden a normalizarse con el tiempo, igual que tu vida social después de una ruptura traumática.

«

El mercado puede permanecer irracional más tiempo del que tú puedes permanecer solvente.

»

(Keynes cuando le rechazaron la tarjeta en el supermercado)

LA EFICIENCIA: EL CUENTO CHINO MÁS RENTABLE

La hipótesis del mercado eficiente es ese cuento chino que nos dice que los precios ya reflejan toda la información disponible. Eugene Fama (1939), su papá intelectual, vendría a decirnos que es tan imposible ganar sistemáticamente al mercado como encontrar aparcamiento en el centro de Madrid un sábado por la noche.

Pero entonces apareció Richard Thaler (1945, galardonado con el Nobel de Economía en 2017) para recordarnos algo que ya sabíamos: los inversores somos tan irracionales como un tuitero en pleno ataque de indignación nocturna.

Las **finanzas conductuales** son ese campo que estudia por qué compramos alto y vendemos bajo, a pesar de que hasta los niños de primaria saben que debería ser al revés.

O, dicho de otra manera, las finanzas conductuales nos enseñan que muchas veces tu cerebro actúa contra tu cartera.

Este es el trío calavera que mueve los mercados más que cualquier informe trimestral:

- El **miedo**, ese consejero conservador que te susurra «vende todo» cada vez que ves un titular apocalíptico.
- La **codicia**, esa vocecita que te dice «mete todos tus ahorros» cuando ves que la acción de una empresa de hidrógeno verde ha subido un 15% en una semana.
- El **FOMO**, ese pánico a quedarte fuera que te hace comprar dogecoin (aquellas criptomonedas que empezaron como un meme) cuando ya está en máximos porque tu primo compró al principio y ya ha ganado 2.000 euros.

EL CASO LINGOTES ESPECIALES: UN AMOR SIN MOTIVO

Tomemos el caso de Lingotes Especiales, esa empresa vallisoletana de discos de freno que algunos compran como si fabricara el elixir de la vida eterna. Según Uncle Stock, su margen de *seguridad* es del –116% (valor intrínseco 7,94 euros versus una cotización de 17,12 euros).

¿Por qué algunos inversores invierten en ella a pesar de estar más inflada que las promesas electorales en año de votaciones? Por su análisis cualitativo:

- Directivos que invierten en I+D con la misma pasión que un *gamer* cuando sale una nueva consola.
- Una cuota del 10% del mercado europeo, algo así como ser el décimo mejor restaurante en un barrio lleno de estrellas Michelin.

Al igual que apostar por el Espanyol para ganar la Champions, sabes que las probabilidades están en tu contra, pero lo haces por ese romanticismo financiero que escapa a toda lógica matemática.

LAS TEORÍAS QUE TE SALVARÁN DE LA RUINA (O ESO DICEN)

Si alguna vez has sentido que la economía habla un idioma que no es el tuyo, tranquilo: no estás solo. Entre gráficos incomprensibles, teorías con nombres rimbombantes y términos en inglés que parecen sacados de un manual de la NASA, es normal perderse. Pero no te preocupes, que aquí viene el repaso exprés de algunos conceptos que los economistas veneran casi tanto como tú los descuentos del Black Friday.

- **Equilibrio de mercado**. Es ese punto mágico donde oferta y demanda se encuentran y se dan un beso francés, como diría Léon Walras si hubiera nacido en La Latina en vez de en Suiza. Recuerda a un supermercado cuando hay exactamente tantos carritos como compradores impacientes, ni uno más, ni uno menos.
- **Eficiencia en sentido de Pareto.** Este concepto, que Miles Edgeworth explicaba con gráficos complejos, se resume en algo que ya sabías desde el patio del colegio: nadie puede mejorar sin fastidiar a otro. Es como intentar repartir una ración de patatas bravas en una mesa de diez amigos hambrientos después de una noche de fiesta. Siempre habrá alguien que sienta que le han tocado menos.
- **Dependencia del camino (*path dependence*).** Tus errores financieros pasados, como comprar acciones de GameStop en su punto más alto porque «Reddit no puede equivocarse», condicionan tu futuro económico. Es el mismo fenómeno por el que sigues pagando Netflix aunque hace meses que solo entras para ver dos minutos y luego acabas viendo vídeos de YouTube.

LA PSICOLOGÍA DETRÁS DEL TABLERO

Lo que realmente separa a los alcistas de los bajistas no son sus modelos económicos, sino su psicología. Los alcistas se parecen a esos amigos que siempre ven el vaso medio lleno, incluso cuando el vaso tiene claramente una fuga. Los bajistas son quienes llevan paraguas en días soleados «por si acaso».

El verdadero truco no está en ser eternamente optimista o perpetuamente pesimista, sino en entender cuándo el mercado se mueve por fundamentos sólidos y cuándo por emociones volátiles, como un adolescente en su primera cita.

CAPÍTULO 12

Estrategias para una cartera robusta: la «tortilla inversora»

EL MERCADO ES ese amante caprichoso que te promete la luna y luego desaparece con tu cartera cuando menos te lo esperas. Si no me crees, pregúntaselo a ese inversor que pensaba que los mercados eran eficientes... y terminó viviendo bajo un puente. No dejes que te pase lo mismo.

«

Sigue siempre esta regla: deja un 5 % para hacer el loco y el 95 % para no perder los calzones.

»

DIVERSIFICACIÓN DE FACTORES: EL TRÍO DEL ÉXITO

La teoría neoclásica nos quiere vender la moto de que invertir es cuestión de ecuaciones y modelos perfectos.

Espóiler: en la jungla financiera hay depredadores acechando, y la sangre fría es tu mejor arma. Así que antes de tirarte a la piscina con Walras y Edgeworth, conviene que entiendas el trío de elementos que separan a los que ganan pasta de los que la pierden:

- **Valor** (el 30% del 95%). Es lo mismo que buscar diamantes en el contenedor de basura. Empresas que nadie quiere, pero valen más que un riñón en el mercado negro. La teoría dice que no deberían existir estos chollos..., pero los hay, igual que existen los unicornios y los políticos honrados.
- ***Momentum*** (el 35% del 95%). Es el arte de subirse a un cohete en pleno despegue sin quemarte. Cuando ves una tendencia clara, súbete sin preguntar y salta antes de que explote. ¿Recuerdas cuando todos compraban mascarillas en 2020? Exacto.
- **Calidad** (el 35% del 95%). Vincúlate a empresas del mismo modo que a ese amigo que siempre paga sus deudas. Balance impoluto, beneficios constantes, directivos que no se llevan el dinero a Panamá. Un milagro estadístico según la microeconomía ortodoxa.

¿Y por qué hacemos el cálculo de porcentajes sobre un 95% y no el cien por cien? ¿Qué pasa con el 5% restante? Como te decíamos, ese es tu margen para hacer el loco y para no quedarte en calzones —o en bragas— cuando juegan otros factores (una mala intuición, la mala suerte...).

DIVERSIFICACIÓN GEOGRÁFICA: LA FIESTA GLOBAL DONDE ALGUNOS BAILAN BORRACHOS

La estrategia geográfica se divide en dos grandes bloques que explican el 95% del rendimiento esperado. El otro 5% —otra vez— se lo dejamos al azar, a la política y a los caprichos del mercado o del destino.

- ***Core*** (70% del 95%). Es la base estable de la cartera, esa parte que te permite dormir tranquilo mientras el mundo se incendia. Debemos distinguir entre desarrollados y emergentes:
- **Desarrollados** (50%): Estados Unidos y Europa son un matrimonio aburrido que siempre llega a fin de mes. El índice S&P500 está tan inflado como el ego de un *influencer*, pero la Reserva Federal siempre está lista para amortiguar la caída. Europa, por su parte, sigue siendo la señora prudente que nunca brilla pero tampoco quiebra.
- **Emergentes** (20%): los BRICS (Brasil, Rusia, la India, China y Sudáfrica) son ese primo lejano que puede hacerse millonario o acabar en la cárcel. China

produce como si el mundo se acabara mañana, pero el Estado mete la cuchara en el plato cuando le conviene.

- **Satélite** (30% del 95%). Representa la parte táctica, donde puedes buscar un poco más de emoción (y riesgo) sin dinamitar tu cartera. Dos consejos: reduce tu exposición a tecnológicas estadounidenses antes de que exploten como fuegos artificiales baratos, y ojo con los infravalorados: por ejemplo, los bonos turcos son el caballo cojo que, de vez en cuando, gana la carrera.

«

Las burbujas, como sucede con los orgasmos, todo el mundo sabe que terminarán, pero nadie quiere bajarse antes de tiempo.

»

RIESGO RACIONAL: VALOR EN RIESGO MENTAL Y LA PSICOLOGÍA DEL INVERSOR

La teoría del consumidor racional se va a tomar viento cuando nos enfrentamos a la realidad del pánico o de la euforia. El valor en riesgo mental hace referencia a cuánto estás dispuesto a perder sin que te dé un infarto o entres en pánico y lo vendas todo en el peor momento: la cantidad de pérdida con la que puedes seguir durmiendo tranquilo. La dieta financiera que no te matará (probablemente) tiene estos ingredientes:

- **Bonos** (50% del 95%). Son el arroz blanco de tu cartera: aburridos, pero te mantendrán vivo cuando todo se desmorone. Los bonos del Tesoro estadounidenses y los bonos del Gobierno alemán son como ese amigo feo pero leal que siempre está ahí: la rentabilidad es baja pero el riesgo es prácticamente inexistente.
- **Acciones defensivas** (45% del 95%). Son la carne magra que te da fuerza sin engordar demasiado. Los sectores esenciales cuyos productos la gente siempre necesita, como NextEra Energy y Johnson & Johnson, se parecen mucho a esos viejos del barrio que han sobrevivido a todas las crisis: lentos, estables y predecibles. No ofrecen grandes subidas explosivas, pero te dan rentabilidad sólida y constante.
- ***Altcoins* y derivados** (5% del 95%). Son el tequila de tu cartera. Un poco te alegra la vida, demasiado te manda al hospital. Recuerdan a jugar a la ruleta rusa con una bala en el cargador: volátiles y arriesgadas, pueden dar rentabilidades brutales, pero también borrarte la cuenta.

Los ***altcoins*** (del inglés, *alternative coins* o monedas alternativas) son todas las criptomonedas que no son el bitcóin (ethereum, solana, cardano, ripple, dogecoin). Pueden multiplicar tu dinero por diez o evaporarlo en días.

LA PARADOJA DEL EQUILIBRIO INESTABLE

¿Te has preguntado por qué las carteras «perfectamente diversificadas» se van al garete cuando llega una crisis? Porque la diversificación, como los condones, da una falsa sensación de seguridad. Veamos tres errores de percepción recurrentes:

- **Falacia de la diversificación óptima.** En 2008 todos los activos cayeron juntos como en una orgía financiera apocalíptica. Las correlaciones tienden a 1 cuando el miedo se apodera del mercado.
- **Falacia del control.** Creer que puedes cronometrar los mercados se parece a pensar que puedes adivinar cuándo tu pareja tendrá dolor de cabeza. Imposible, amigo mío.
- **Paradoja de la eficiencia.** Si todos hacemos lo mismo, nadie gana. Es un equilibrio de Nash donde el único que se beneficia es tu bróker con las comisiones.

«

La sangre fría del 95 % no es racionalidad, es supervivencia en un casino donde la banca siempre gana..., a menos que sepas contar cartas.

»

CONCLUSIÓN: LA TORTILLA BIEN CUAJADA

Todas estas recomendaciones no son perfectas..., nada lo es. Es un «óptimo» en un mundo donde las imperfecciones del mercado son tan comunes como los políticos mentirosos.

La microeconomía clásica es muy parecida a esa ex que te dejó: bonita en la teoría, un desastre en la práctica. La verdadera rentabilidad viene de explotar las asimetrías de información, los sesgos cognitivos y las irracionalidades del mercado. La gente toma decisiones emocionales, no racionales, y entender cómo funcionan realmente los humanos te hará ganar mucho más dinero que basarte en cómo deberían funcionar.

Y recuerda: dejar el 5% para locuras no es un capricho, es tu seguro contra el aburrimiento financiero. Porque ¿de qué sirve morir rico si no has vivido un poco por el camino?

«

Al final, invertir es como el sexo: todos creen que son buenos, pocos lo son realmente, y los mejores nunca revelan sus secretos.

»

CAPÍTULO 13

Monopolios y burocracia: cuando el mercado es un chiringuito y el Estado un borracho

LA TEORÍA DICE que no deberían existir estos chollos..., pero los hay, igual que existen los taxis libres cuando llueve o los vuelos baratos en agosto...

«

Un monopolio se comporta del mismo modo que el ex que te cobra por devolverte las fotos: no tienes alternativa y encima te sientes culpable por cada euro que le pagas.

»

EL MONOPOLIO: REY DE LA PLAYA, VERDUGO DE TU CARTERA

Imagina al dueño del único chiringuito en una playa de Málaga en pleno agosto. Cervezas a cinco euros, patatas que saben a cartón y una sonrisa de «¿vas a llorar o a pagar?». Así opera un monopolio.

Lingotes Especiales, con su 10% de cuota en discos de freno europeos, es ese chiringuito: vende caro porque puede, no porque deba. Y tú, sudando como pollo al horno, sin alternativas.

Los monopolios fijan los precios donde el ingreso marginal iguala al coste marginal. Traducción para mortales: suben el precio hasta que la gente casi se va, pero no tanto como para perderla. ¿Una caña les cuesta un euro? Te la venden a cinco y se ríen mientras cuentan billetes.

Además, el monopolio produce menos y cobra más. Como ese DJ que pincha solo reguetón porque tiene al portero comprado. El resultado: colas interminables, turistas frustrados y un bienestar social por los suelos.

EL PLANIFICADOR BENEVOLENTE: UN *HIPPIE* CON EXCEL Y BUENA FE

Entra en escena el administrativo vociferando: «¡Precio justo para todos! ¡Un euro la caña!». Suena bonito, ¿verdad? Como una utopía socialista antes de quedarse sin papel higiénico.

En teoría, los precios bajos significan el máximo bienestar. El pueblo celebra, las palomas vuelan, hay música de fondo. En la práctica, el chiringuito quiebra (sin margen de ganancia no hay negocio), la playa se llena de latas vacías y el ayuntamiento contrata a veinte empleados para limpiar... que se gastan el presupuesto anual en dietas.

«

La regulación, como la lencería, debe ser lo suficientemente ajustada para cubrir lo esencial, pero no tanto como para asfixiar todo lo interesante.

»

LINGOTES ESPECIALES: EL MONOPOLIO FANTASMA

Vamos a los datos que no te cuentan en la Comisión Nacional del Mercado de Valores (CNMV):

- Margen de seguridad negativo (–116%): gasta más de lo que ingresa, pero sigue vivo como un zombi tras un festín de cerebros.

- I+D del 15% del presupuesto: desarrolla discos de freno ecológicos que nadie compra pero que la Unión Europea subvenciona como si fueran la cura del cáncer.

¿Cómo sobrevive este engendro financiero?

- ***Lobbying.*** Regala viajes a Bruselas a políticos con amnesia selectiva.
- **Deuda barata.** Los bancos le prestan como si fuera el próximo Apple.
- Y cuando todo falla, el **Estado** la rescatará «para salvar empleos estratégicos».

INVERTIR EN MONOPOLIOS: ÉTICA DE JUDAS, RENTABILIDAD DE MIDAS

Los monopolios son deportistas con esteroides.

Entre sus ventajas destacan:

- **Tienen poder de fijación de precios** (*pricing power*). Suben los precios aunque su producto huela a calcetín usado sin perder clientes. Incluso si la calidad es mediocre o el servicio es malo, pueden subir precios porque los clientes están atrapados o no tienen mejores opciones.

- **Imponen barreras de entrada.** Nadie competirá con ellos.

Pero también tienen sus riesgos:

- **Regulación.** Un día, el planificador se levanta de malas y los parte en dos.
- **Reputación.** Invertir en monopolios, al igual que ser amigo del matón del colegio, es útil, pero nadie te invita a las fiestas.

«

El juego entre monopolios y reguladores funciona como el del gato y el ratón, pero nadie sabe quién es quién... y ambos terminan comiéndose el queso.

»

Y recuerda:

- Apostar a los monopolios es jugar con fuego..., pero el fuego calienta.
- Apostar a planificadores es comprar lotería: el premio es raro, pero la emoción es gratis.

MORALEJA FINAL

El mercado es un chiringuito; el Estado, un borracho con buenas intenciones; y tú..., el turista que sigue pagando. ¿La solución? Búscate una playa con más chiringuitos o aprende a hacer tu propia cerveza.

CAPÍTULO 14

Duopolios y oligopolios: cuando el mercado es un *reality show* de mentirosos

EN LOS OLIGOPOLIOS, como en las tertulias de la tele, todos fingen no ponerse de acuerdo..., pero todos, siempre, acaban cobrando al final.

EL BAILE DE LOS COBARDES (DONDE TODOS PIERDEN PERO NO TANTO)

Lo que te vamos a contar ahora es el **teorema de Cournot:** un modelo económico en el que las empresas compiten decidiendo cuánto producir (la cantidad) pero no cuánto cobrar (el precio). Cada una calcula su producción óptima anticipando lo que hará la otra.

¿El resultado? Llegan a un equilibrio donde ninguna quiere cambiar su estrategia porque sabe que la otra responderá, y es probable que ambas acaben perdiendo.

Imagínate ahora a dos grandes cadenas de supermercados en un tira y afloja eterno (seguro que te vienen dos nombres a la mente). Dos gallos en un corral: cada uno quiere ser el rey, pero ninguno quiere perder las plumas.

Es entonces cuando aplican las matemáticas del miedo: si ambas cadenas mantienen sus márgenes en un 20%, las dos ganan. Si una baja los precios para «robar» clientes a la otra, esta responde, y la guerra destroza los márgenes de beneficios de ambas. Se comportan como dos hosteleros vecinos que podrían vender más cervezas bajando los precios, pero prefieren mantener la paz y seguir remojando gambas en la misma playa al mismo precio.

Y el mismo ejemplo se puede aplicar a ámbitos muy distintos. Por ejemplo, dos empresas de telefonía móvil podrían darte un giga por veinte euros, pero prefieren mantenerse en los cuarenta euros y fingir que compiten mientras sus directivos comparten palco en el Bernabéu.

«

Cuando ves dos empresas que nunca se hacen sangre de verdad, no es coincidencia..., es un acuerdo (implícito o explícito) con traje y corbata.

»

EL LÍDER MARCA EL TERRITORIO Y LOS DEMÁS LADRAN

Nos toca ahora hablarte de Heinrich von Stackelberg, en concreto de su **modelo de liderazgo**. Una empresa dominante (la líder) toma las decisiones primero (precios, producción, estrategias...) y las demás empresas (seguidoras) reaccionan *a posteriori* adaptándose a sus decisiones.

Dicho de otro modo: el líder captura más beneficios que sus competidores porque controla el ritmo del mercado.

La estrategia Stackelberg se parece al póker: si el farol funciona, el líder puede cobrar un extra del 10-15% sobre los costes marginales (como hace Apple). Si falla, se convierte en Nokia: pasa de líder a meme nostálgico en una década.

Este modelo es el de las grandes cadenas de supermercados en estado puro. Por ejemplo, una de ellas anuncia que bajará el precio de novecientos productos del carrito de la compra. Los analistas aplauden y los competidores tiemblan.

Su decisión produce una serie de reacciones siervas: la competencia solo puede adaptarse o morir, mientras los altos cargos de aquella sonríen con una horchata en la mano.

LA COMPETENCIA TELEVISIVA: UN DUOPOLIO MÁS FALSO QUE LOS DIENTES DE UN TERTULIANO

El duopolio televisivo nos ofrece una clase magistral sobre el oligopolio español:

- A pesar de la existencia de un supuesto «libre mercado» publicitario, controlan el 85% de la publicidad en televisión. ¿Casualidad? Más bien reparto territorial, como el que hacen las bandas de narcotraficantes, pero con trajes más caros.
- Colusión «no evidente». Sus contenidos parecen diferenciados, pero sus precios publicitarios siempre bailan al mismo son. ¿Te suena de algo? A nosotros nos recuerda a los bancos, que cambian el color del logo pero todos te cobran las mismas comisiones.

> Llamamos **colusión** a un pacto ilícito que daña a un tercero.

«

Los oligopolios se relacionan igual que los tertulianos televisivos: se pelean ante las cámaras, pero luego se van de copas juntos.

»

ESTRATEGIAS DE INVERSIÓN EN LA JUNGLA OLIGOPOLÍSTICA

¿Cómo sacarle tajada a este circo de títeres corporativos? Aquí van los trucos:

- **Identifica al líder.** ¿Quién mueve ficha primero en el sector? Inditex en moda, Mercadona en distribución. Si su retorno sobre el patrimonio neto supera el 15% de forma sostenida, es que tiene los dados cargados: controla el mercado, los demás bailan a su ritmo, y eso se traduce en beneficios consistentes. Es una apuesta más segura que las empresas seguidoras, que solo reaccionan.
- **Evita al segundo cuando es un pringado.** El seguidor en modelo de Stackelberg solo gana cuando el líder la caga. En España, una cadena de supermercados intentó competir con Mercadona y acabó como la cuenta corriente de un estudiante a fin de mes.
- **Mima a los facilitadores del cártel.** Las empresas que proveen servicios a todo el oligopolio son las que realmente se forran: no importa quién domine el mercado, el facilitador cobra de todos los competidores. Si no puedes identificar al líder claro de un oligopolio, invierte en quien les vende las palas a todos los buscadores de oro. Siempre ganan.

LAS CINCO FUERZAS DE PORTER, O CÓMO DETECTAR UN OLIGOPOLIO RENTABLE

Te preguntarás qué son esas cinco fuerzas de Porter del título... Son un modelo de análisis estratégico que evalúa la competitividad de una industria a partir de cinco parámetros:

1. **Poder de negociación de los clientes** (cómo pueden influir en precios y condiciones de venta).
2. **Poder de negociación de los proveedores** a la hora de imponer precios o limitar recursos.
3. **Riesgo de entrada** de productos o servicios sustitutos.
4. Amenaza de **nuevos competidores.**
5. Rivalidad entre los **competidores existentes.**

¿Y cómo se aplica el modelo de Porter a los oligopolios? Los oligopolios más jugosos tienen:

- Barreras de entrada más altas que la sierra de Guadarrama: licencias, patentes o simplemente tanto *marketing* que los nuevos no pueden ni oler el mercado (como pasa con las telecos o con los bancos).
- Clientes tan fragmentados como los recuerdos de un borracho: millones de consumidores sin poder de negociación. Pregúntale a cualquiera que haya intentado reclamar a una eléctrica.

- Proveedores que tiemblan ante sus pedidos: cuando el oligopolio compra el 80% de tu producción, bailas a su ritmo. Como los pobres agricultores con Mercadona.
- Productos «diferenciados» —¡vamos!, que son todos el mismo perro con distinto collar—. Los seguros de coche, las hipotecas, los paquetes de móvil+fibra... Las distintas compañías juegan a que te hacen distintas ofertas, pero es el mismo producto con distinto envoltorio.

«

La verdadera diversificación no está en tu cartera, sino en invertir en varias partes del oligopolio. Así ganas sin importar qué miembro del cártel se lleva más tajada este trimestre.

»

EJEMPLO FINAL: EL DUOPOLIO DE LAS CERVEZAS ESPAÑOLAS

Solo dos marcas de cervezas controlan el 80% del mercado. ¿Compiten de verdad? Solo en los anuncios de la Champions.

La realidad es que suben los precios en paralelo cada primavera, mantienen márgenes idénticos (±1%) y «diversifican» con marcas prémium que son la misma cerveza con una etiqueta más bonita.

¿Y qué hacen los accionistas? Contar billetes mientras tú pagas tres euros por una caña que cuesta treinta céntimos producir.

CAPÍTULO 15

Bertrand y la paradoja eterna: cuando jugar al límite te deja en bragas

«

El capitalismo es ese juego donde todos prometen ganar, pero las matemáticas aseguran que la mayoría de ellos acabarán llorando solos en la ducha.

»

LA ECONOMÍA TIENE secretos tan sucios que ni en confesión se cuentan. Entre ellos, hay uno que acecha en las sombras de cada mercado, esperando para devorar tus márgenes cuando menos lo esperas: la paradoja de Bertrand.

Joseph-Louis-François Bertrand no era un canalla cualquiera. Era un matemático francés que, en 1883, mientras probablemente bebía absenta como si fuera agua, descubrió la fórmula perfecta del suicidio empresarial. Su paradoja es el equivalente financiero de meterte en una pelea de bar donde todos acaban con la nariz rota y la cartera vacía.

ACTO 1. EL CALLEJÓN SIN SALIDA DEL PRECIO

«

La competencia perfecta es un infierno disfrazado de paraíso.

»

Imagina la escena: dos creadoras de OnlyFans con contenido prácticamente idéntico. Ambas comienzan cobrando quince dólares por suscripción. Luego, una baja a doce para robar seguidores a la otra, y esta responde bajando aún más, a diez dólares. La primera contraataca con ocho... Y, así, caen en una espiral descendente más destructiva que una relación tóxica, y acaban cobrando un dólar por el mismo contenido por el que antes cobraban quince veces más.

¿El resultado? Trabajar como esclavas por cuatro duros, *burnout* (síndrome del trabajador quemado) garantizado y un mercado donde nadie gana, excepto el cliente/espectador. Esto, queridos incautos, es la paradoja de Bertrand en su forma más cruda: la matemática del desastre.

Para los fetichistas de las fórmulas, aquí va la explicación técnica: cuando dos o más empresas venden productos indistinguibles (gasolina, cemento, servicios de almacenamiento en la nube), la competencia las empujará inexorablemente a bajar precios hasta el coste marginal.

El **coste marginal** es el punto en el que cada unidad adicional que vendes apenas cubre lo que te costó producirla. O en términos que hasta tu cuñado entendería: cero beneficios.

ACTO 2. SANGRE EN LA PISTA

En los años noventa, las aerolíneas americanas protagonizaron una batalla de precios tan salvaje que parecía dirigida por Tarantino. Pan American y TWA, dos gigantes que parecían inmortales, terminaron en la morgue corporativa. Los billetes se vendían tan baratos que casi te pagaban por volar. Los únicos que sonreían eran los pasajeros... temporalmente. Porque lo que Bertrand no te cuenta es el día después:

Menos aerolíneas = menos competencia = precios más altos a largo plazo

Un clásico caso de «te bajo el precio hoy para joderte mañana».

Las supervivientes fueron precisamente las que mandaron a Bertrand a paseo. Delta creó alianzas estratégicas y programas de fidelización tan adictivos que sus clientes aceptaron pagar más solo por acumular millas que nunca canjearían. Southwest Airlines, por su parte, inventó un modelo de bajo coste, sí, pero con márgenes que harían sonreír a un prestamista.

ACTO 3. ESCAPAR DE LA MUERTE BERTRANDIANA

Si no puedes diferenciarte, estás condenado a competir en precio, y competir en precio es el arte de degollarse lentamente mientras sonríes. Para entenderlo mejor, analicemos a dos empresas que venden lo mismo pero no compiten por lo mismo: Edding, la aristócrata del trazo, y Bic, la proletaria de la escritura.

Edding fabrica rotuladores prémium que los artistas abrazan como si fueran el último burbon en el Apocalipsis. Su ROCE (recuerda: el beneficio generado por cada euro invertido) es un obsceno 41,92%. Su estrategia se resume en esta sencilla fórmula:

> Calidad percibida + exclusividad = clientes que pagan el doble

Por su parte, el producto estrella de Bic son bolígrafos tan baratos que perderlos duele menos que estornudar. Su ROCE es de un respetable 28,93%, pero a base de generar un volumen brutal. Basa su estrategia en la ubicuidad total: sus bolígrafos están en cada cajón del planeta.

Edding esquiva la trampa de Bertrand. Una noche de pasión y lujuria y un polvo rapidito en el baño técnicamente son lo mismo, pero vivencialmente son universos paralelos. Edding no cae en la trampa de Bertrand: vende una experiencia de escritura, no tinta sobre papel.

El caso de la cafetería esnob

Pagas tres euros por un café que cuesta 0,30 euros producir. ¿Eres imbécil? No. Estás comprando *convenience yield:* el privilegio de sentarte con tu MacBook, escuchar *jazz* ambiental y fingir que trabajas en tu novela mientras espías al ejecutivo sexi de la mesa contigua.

La cafetería esnob no vende café, vende la ilusión temporal de una vida mejor. Y eso, amigos, es inmune a Bertrand porque no hay dos percepciones idénticas.

ACTO 4. CONSTRUYENDO MURALLAS ANTI-BERTRAND

«

En el capitalismo salvaje no sobrevive el más fuerte, sino el que convence al

mercado de que es único, aunque venda la misma mierda que los demás.
»

Para no acabar como las aerolíneas de los años noventa (en una fosa común económica), necesitas construir al menos una de estas defensas. Son tres fortalezas inexpugnables.

Branding *como religión*

Apple podría vender su iPhone a precio de coste y seguiría siendo rentable vendiendo su ecosistema. Pero no lo hace porque ha convertido su marca en una secta. Sus clientes no compran tecnología; compran pertenencia. La prueba matemática: sus márgenes brutos superan el 40% vendiendo componentes que otros fabrican por la mitad. No es tecnología, es magia financiera.

Innovación constante

Tesla no compite con Toyota en coste por kilómetro. Vende una combinación de electrificación y *software* constante (tu coche mejora mientras duermes)... Y, además, la posibilidad de que Elon Musk te responda a un tuit.

Mientras tanto, los fabricantes tradicionales luchan por márgenes del 5% como gallinas en corral ajeno.

Monopolios disfrazados

Google tiene el 91% del mercado de búsquedas. Facebook es dueño de las redes sociales que importan.

Cuando controlas el juego, tú pones el precio.

Y Bertrand se queda mirando como un adolescente sin invitación a la fiesta.

ACTO 5. EL TERMÓMETRO DEL ÉXITO

En páginas anteriores ya hemos hablado del ROCE. Pues bien, ahora te contaremos su funcionamiento como un detector de mentiras corporativo.

Si quieres saber si una empresa está ganando o muriendo lentamente, mira su ROCE:

- ROCE superior al 20%: tiene algo que los demás no. Probablemente un foso económico (*moat*) más profundo que los secretos de tu ex. Es una marca potente, con tecnología exclusiva, unos costes bajos imbatibles... Genera mucho dinero con poco capital.

> El ***moat*** o **foso económico** es lo que protege a la empresa de la competencia. Imagina un castillo medieval: cuanto más profundo es el foso, más difícil resulta atacarlo.

- ROCE 10-20%: Es un negocio funcional, pero sin ventajas brutales.
- ROCE inferior al 10%: la empresa es víctima de Bertrand, y encara el matadero con una sonrisa. Está en un mercado *commoditizado* o hipercompetitivo. Invierte mucho capital para ganar poco, con márgenes miserables y un negocio basado en la supervivencia.

¿Un ejemplo vivo? Las tecnológicas tienen un ROCE que haría sonrojar a un usurero (Microsoft, del 28,5%), mientras que las aerolíneas hacen fiesta cuando superan el 7%.

LOS JUEGOS DEL OLIGOPOLIO: COLUSIÓN SIN PALABRAS

Bertrand asumía que las empresas compiten una sola vez. Pero en la vida real es un juego reiterado donde los jugadores aprenden a no masacrarse: Coca-Cola y Pepsi nunca inician guerras de precios serias. ¿Por qué? Porque saben que la destrucción mutua está asegurada. En su lugar, compiten en publicidad y suben precios casi simultáneamente, como si compartieran calendario menstrual corporativo. Es colusión tácita sin necesidad de reuniones clandestinas. El capitalismo en su forma más elegante.

ACTO FINAL: INVERTIR CONTRA BERTRAND

La inversión inteligente consiste en identificar empresas que hayan convertido *commodities* en objetos de deseo. Dicho de otra manera: ¿dónde poner tu dinero si no quieres perderlo? Busca empresas con estas características:

- *Moat* económico verificable: es una ventaja que no se puede copiar en una noche. NVIDIA no teme a la competencia porque tiene años de ventaja gracias a su plataforma Compute Unified Device Architecture (CUDA). Los dos gigantes canallas de los pagos electrónicos controlan un duopolio más seguro que un búnker nuclear.
- *Pricing power* demostrable. Son empresas que suben precios, y los clientes se quejan pero los pagan. Las marcas revoltosas en el sector del lujo suben los precios de sus productos estrella cada año y sin embargo las listas de espera siguen creciendo. ¿La razón? El valor no está en el cuero, sino en la envidia que provocas al llevarlo.

El ***pricing power*** es la capacidad de una empresa para subir sus precios sin perder clientes ni cuota de mercado. Es el superpoder que separa a las empresas con foso económico de las que compiten a codazos por cada céntimo.

- Un ROCE consistentemente alto. Si una empresa mantiene un ROCE superior al 15% durante una década en un sector competitivo, es que tiene algo especial. No es suerte: es poder de fijación de precios.

El gran dilema solar

Imagina la siguiente distopía capitalista:

- Inicio: en el 2025, una *startup* china revoluciona la producción de paneles solares y vende a precio de coste.
- Consecuencia: sus competidoras se desploman en bolsa.
- Final: la *startup* domina el mercado hasta que se queda sin inversión y quiebra. Los precios vuelven a subir cuando solo quedan dos o tres fabricantes.

«

En mercados *commoditizados* —donde los productos son casi idénticos y solo compites por el precio— la victoria es temporal y la guerra económica solo enriquece a los abogados de quiebras.

»

EPÍLOGO: LA VERDAD INCÓMODA

La paradoja de Bertrand no es teoría: es la radiografía de la estupidez colectiva. Competir en los precios es de principiantes desesperados. Los verdaderos depredadores económicos construyen diferenciación hasta que el precio se vuelve secundario.

Porque, al final, la pregunta no es si puedes vender más barato, sino si puedes hacer que tu cliente ni siquiera pregunte el precio.

Y esa, querido lector, es la diferencia entre los que Bertrand devora y los que se sientan a ver el espectáculo mientras cuentan sus beneficios.

«

La competencia perfecta es el paraíso del consumidor y el infierno del empresario. La paradoja es que todos somos ambas cosas.

»

CAPÍTULO 16

Póker, mentiras y mercados: teoría de juegos para inversores sin escrúpulos

EN LA BOLSA, como en el póker, no gana quien tiene las mejores cartas, sino quien sabe cuándo mostrarlas... y cuándo esconderlas bajo la manga.

EL GRAN CASINO GLOBAL DONDE TODOS MIENTEN Y NADIE ESCAPA DE LOS NÚMEROS

Si alguna vez has pisado un casino, sabrás que hay dos tipos de personas: las que salen contando billetes y las que salen contando monedas para el *parking*. La diferencia entre ambas no siempre es la suerte, sino entender que estás jugando a un juego cuyas reglas están escritas en tinta invisible.

John Nash y Ariel Rubinstein, esos dos cabroncetes de la teoría económica, descubrieron algo que cualquier jugador de póker mediocre ya sabía: en la vida, como en los mercados, todos estamos faroleando..., pero con ecuaciones.

EL EQUILIBRIO DE NASH: CUANDO TODOS FINGEN NO TENER MIEDO

John Nash —sí, el esquizofrénico brillante que pasó de las matemáticas a hablar con alienígenas— nos dejó un concepto demoledor: en el mercado, como en una partida de cartas, llegas al equilibrio perfecto cuando todos los jugadores están usando su estrategia óptima y nadie se arrepiente de su jugada, aunque esté perdiendo hasta los calzoncillos.

Traducido al español de la calle: mientras el típico buscador de gangas piensa: «Esta empresa está tan jodida que solo puede mejorar, como mi ex después de la rehabilitación: compro», el purista de la calidad piensa: «Prefiero pagar un precio justo por algo extraordinario que una miseria por una mierda». Y aquí viene lo fascinante: ambos ganan en sus respectivos juegos. Lo mismo que si en una mesa de póker uno ganara con escalera real y otro con póker de ases. Imposible en una mano, pero factible en el vasto casino de Wall Street.

LA NEGOCIACIÓN DE RUBINSTEIN: EL ARTE DE HACER QUE EL OTRO PARPADEE PRIMERO

Ariel Rubinstein, ese economista israelí con cara de bibliotecario travieso, nos dejó claro que, en una negociación, el tiempo es más valioso que el dinero. Su modelo explica por qué ese Mercedes usado acaba costándote más de lo que querías pagar, pero menos de lo que pedían.

Cuando estás negociando:

- El que menos necesita cerrar el trato gana.
- El que proyecta con más paciencia se lleva el premio.
- El que tiene una opción alternativa siempre tiene ventaja.

Piensa en regatear en el mercadillo y que el vendedor te diga: «Este reloj *vintage* es una joya, te lo vendo por quinientos euros», y tú respondas: «Parece más falso que los abdominales de un *influencer*. Te doy veinte euros». Según el equilibrio de Rubinstein, acabáis fijando un precio de ciento veinte euros después de un tenso intercambio en el que ambos fingís estar perdiendo.

LA GRAN MENTIRA DE LOS MERCADOS EFICIENTES

Los mercados no son eficientes; a veces, parecen poblados por un grupo de primates vestidos con trajes caros intentando adivinar qué harán otros primates con trajes aún más caros.

Cuando la información es incompleta, el concepto clásico de equilibrio de Nash debe adaptarse, ya que los jugadores no conocen completamente el juego. Y en los mercados financieros, la información nunca es completa ni está repartida de forma equitativa.

En los mercados, las empresas, los directivos y los inversores institucionales (grandes fondos, bancos) saben cosas que tú, inversor de a pie, no sabes. Tienen acceso a datos, análisis, reuniones privadas, contactos... Es lo que se conoce como *asimetría informativa:* una parte tiene más información que la otra en una transacción o negocio, creándose una ventaja desleal.

«

Asimetría informativa: cuando tu novia te dice que solo sale con amigas y tú te lo crees. Alguien tiene más información, y generalmente no eres tú.

»

Imagina que un directivo sabe que su empresa va a anunciar pérdidas monumentales la próxima semana. Tú no tienes ni idea. Él vende sus acciones hoy, tú las compras creyendo que hiciste la jugada del año... y en unos días descubres que fuiste el último en enterarte. Los grandes fondos, por su parte, tienen ejércitos de analistas, algoritmos que parecen salidos de una película de ciencia ficción y línea directa con los CEO. Tú, en cambio, cuentas con la red social X, un café frío y noticias de hace tres horas.

La información asimétrica es el santo grial: cuando tú ves un balance trimestral maquillado, el CEO ya está vendiendo sus acciones por la puerta de atrás. La compra o venta de acciones usando información confidencial (*insider trading*) funciona como las infidelidades: cuando las descubres, ya llevan tiempo ocurriendo. Eso sí, si te pillan te esperan unas multas millonarias y la cárcel.

Y esto no pasa solo en las grandes bolsas del mundo. También sucede cuando compras un coche usado: el vendedor sabe que el motor está a punto de morir, pero tú solo ves que arranca a la primera y piensas que encontraste una joya. Espóiler: no es así.

EL ARTE DEL FAROL FINANCIERO

En el póker, como en la inversión, hay tres tipos de jugadores:

1. Los que siempre dicen la verdad: pierden su dinero rápidamente pero con dignidad.
2. Los que siempre mienten: ganan una vez y luego nadie vuelve a confiar en ellos.
3. Los maestros del *timing*: saben cuándo mostrar sus cartas y cuándo esconderlas.

La teoría de juegos nos enseña algo brutal: si engañas a un socio, ganas una vez; si juegas limpio (aunque seas astuto), ganas repetidamente. Es la diferencia entre un estafador del tres al cuarto y Warren Buffett, que lleva décadas siendo el abuelo aparentemente inofensivo que se está llevando todo tu dinero con una sonrisa.

«

En Wall Street, el miedo y la codicia son contagiosos. Por eso me mantengo en cuarentena cuando la euforia alcanza niveles epidémicos.

»

LA GUERRA FRÍA DE LAS ESTRATEGIAS: *VALUE* VERSUS CALIDAD

Imagina dos estilos de caza distintos, el de Tobias Carlisle (el trapero de lujo) y el de Warren Buffett (el depredador paciente).

Carlisle busca empresas tan baratas que prácticamente te pagan por llevártelas; las que tienen un EV/EBIT inferior a siete son su territorio de caza preferido. Es una estrategia de buscar diamantes en vertederos: apestosa, pero potencialmente lucrativa. Asume el riesgo de comprar una basura auténtica, y no una basura con un gran valor oculto.

El **EV/EBIT** muestra cuánto cuesta una empresa en relación con su beneficio operativo. En otras palabras, indica cuántas veces el beneficio antes de intereses e impuestos (EBIT) están pagando los inversores por comprar toda la empresa (EV, valor empresarial).

Buffett, por su parte, caza negocios con fosos económicos imposibles de cruzar. Prefiere pagar precios razonables por negocios extraordinarios. Una casa en la mejor zona de la ciudad es cara pero segura. ¿Qué riesgo asume? Que el cambio tecnológico convierta tu foso en un charco (por ejemplo, ¿quién usa carretes de fotos de Kodak ahora?).

El equilibrio de Nash sugiere que ambas estrategias pueden coexistir porque atienden a diferentes «juegos» dentro del mismo casino. Es como si uno jugara al *blackjack* y otro a la ruleta.

TRES PRINCIPIOS PARA NO ACABAR COMIENDO LATAS DE ATÚN BARATO

La teoría está muy bien: equilibrios de Nash, asimetría informativa, modelos que parecen sacados de una tesis doctoral en astrofísica... Pero cuando llega la hora de la verdad, cuando estás a punto de meter tu dinero en el mercado, necesitas algo más que ecuaciones bonitas. Necesitas una estrategia que te mantenga a flote cuando todo el mundo está ahogándose.

A continuación te dejamos tres principios que separan a los que viven de sus inversiones de los que acaban comiendo atún de lata y rogando que su cuñado no saque el tema de las criptomonedas en la comida de Navidad.

La diversificación del capo mafioso

No pongas todos tus huevos en la misma cesta, especialmente si esa cesta está en un ascensor controlado por Elon Musk. Destina un 50% a negocios que entiendes tan bien como los ingredientes de tu desayuno, un 30% a apuestas *value* con potencial de multiplicarse (o evaporarse) y un 20% a locuras calculadas que podrían convertirte en leyenda o en meme.

La investigación del paranoico

Lee entre líneas como si tu ex te estuviera enviando mensajes: un CEO que compra acciones de su propia empresa probablemente sepa que algo bueno está por venir; en cambio, un CEO que vende «para diversificar» puede estar abandonando el barco antes de que se hunda. Del mismo modo, las recompras de acciones pueden interpretarse como una muestra de confianza de la empresa en su futuro... o simplemente como un intento de maquillar sus resultados.

La ***due diligence*** (en español, «diligencia debida») es el proceso de investigación y análisis exhaustivo que se realiza antes de concretar una operación financiera importante (compra, inversión, fusión o adquisición de una empresa). Significa revisarlo todo: finanzas, contratos, deudas ocultas, problemas legales, si el CEO tiene denuncias...

La paciencia del cazador

Los mercados, como el budismo, premian la paciencia.

Cuando todos corren hacia la puerta, tú caminas tranquilamente hacia la ventana. Tú piensa que el pánico es temporal pero la estupidez es eterna, y que muchas veces la mejor inversión a menudo es la que no haces.

La teoría de juegos no es para genios con ecuaciones incomprensibles; es para astutos observadores que entienden la naturaleza humana. En el mercado, como en el póker, no ganan los más inteligentes, sino los que saben leer a los demás mientras controlan sus propias emociones.

Y recuerda la gran paradoja financiera: para ganarle al mercado debes pensar de forma diferente que el mercado. Y que si todos intentan pensar de un modo diferente..., todos acabarán pensando igual.

Como decía mi abuela: «En la bolsa, como en la cama, lo importante no es el tamaño..., sino saber cuándo entrar y cuándo salir».

NOTA PARA EL LECTOR IMPACIENTE

Ojo, si crees que con esto ya conoces la teoría de juegos, baja los humos. Aquí estamos hablando de desplumar incautos en una mesa de póker (juegos de suma cero). Pero la vida real es más complicada: a veces, si tú ganas y el otro pierde, a la larga acabáis perdiendo los dos (o viviendo entre basura). De esa «resaca estratégica» y de cómo convivir sin matarnos hablaremos al final del libro. De momento, céntrate en ganar esta mano.

CAPÍTULO 17

Cartografía del caos: domina los gráficos como un adivino con resaca

LOS GRÁFICOS NO predicen el futuro, solo te muestran dónde han dejado sus cadáveres los que lo intentaron antes que tú.

EL ARTE ANCESTRAL DE LEER ENTRAÑAS FINANCIERAS

¿Alguna vez has visto a un adivino leyendo las líneas de una mano? Pues los analistas técnicos hacen exactamente lo mismo, pero con trajes caros y Excel. La diferencia es que, a veces, estos aciertan.

Los gráficos son las cicatrices de un mercado que ha vivido demasiado: cada línea cuenta una historia de codicia desmedida o pánico irracional. Y tú, pequeño aprendiz de brujo financiero, vas a aprender a leerlos como si fueran los mensajes de tu casero pidiendo la renta.

VELAS JAPONESAS: EL ORIGAMI DE LOS MERCADOS FINANCIEROS

Las **velas japonesas** (*candlestick charts*, en inglés) son un tipo de gráfico utilizado para representar la evolución de un valor (una acción, una moneda...) a lo largo del tiempo (puede ser un día, una hora, lo que quieras) apoyándose en cuatro datos clave: apertura, cierre, máximo y mínimo.

Estas puñeteras velas no las inventó ningún bróker cocainómano de Wall Street. Fueron creadas por comerciantes de arroz japoneses del siglo XVIII que, entre sake y sake, descubrieron que ciertos patrones se repetían con la precisión de un reloj suizo con esteroides. Dice la leyenda que todo empezó con Munehisa Homma, un comerciante de arroz japonés que se dio cuenta de que los mercados no solo son números: están llenos de psicología, miedo, codicia, pánico... y que todas esas emociones forman patrones visuales que se repiten una y otra vez.

Cada vela es un campo de batalla psicológico donde el cuerpo es el terreno conquistado —la diferencia entre el precio de apertura y cierre—. Si es verde o blanco, significa que los compradores se llevaron la victoria; si es rojo o negro, que los vendedores masacraron a los optimistas.

Las mechas (las líneas finitas que hay arriba y abajo) representan los intentos fallidos. Una mecha superior larga se parece a ver a alguien intentando saltar un muro y cayéndose de culo.

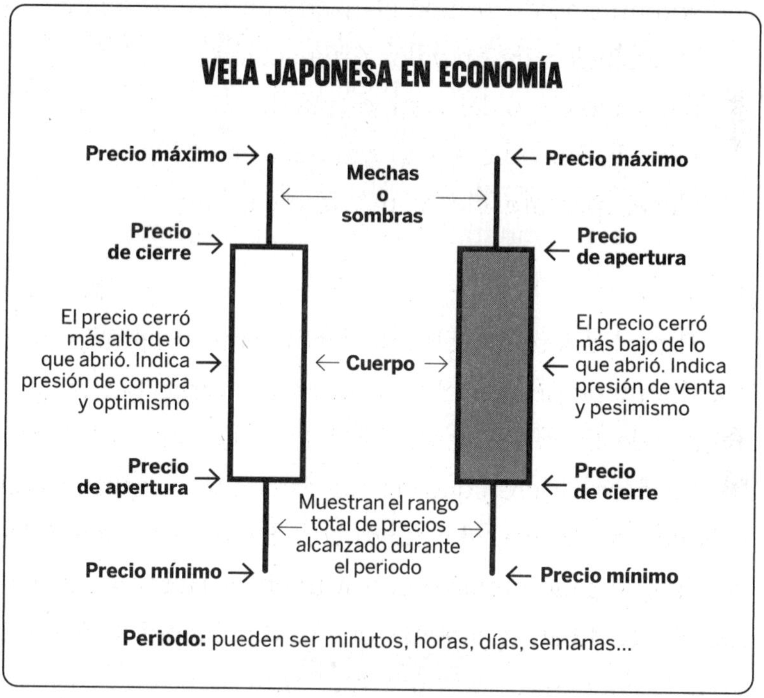

Representación visual del movimiento de precios de un activo en un periodo determinado.

«
Una vela *doji* es un empate técnico en una pelea de bar: nadie gana, pero todos saben que la hostia gorda está a punto de llegar.
»

En análisis de velas japonesas, un martillo (*hammer*) es un tipo de gráfico que suele indicar un posible cambio de tendencia al alza, especialmente después de una caída. Los patrones no mienten, pero, ¡joder!, cómo les gusta insinuar falsedades. Un martillo tras una caída recuerda a Rocky Balboa levantándose en el último asalto: puede anunciar una remontada épica... o ser el último espasmo antes de palmarla definitivamente.

¿La moraleja? Hace trescientos años, un japonés descubrió que los humanos somos predecibles. Wall Street simplemente le puso más teorías y ordenadores al invento. Si los patrones todavía hoy funcionan es porque la psicología humana no ha cambiado desde el siglo XVIII.

TENDENCIAS: SURFEA LA OLA O MUERE AHOGADO

Las tendencias se afrontan como la corriente de un río: puedes nadar contra ellas y acabar con los brazos como fideos, o dejarte llevar y llegar al océano de la rentabilidad con una sonrisa de gilipollas.

Hay tres tipos de tendencias básicos:

- **Alcista.** Como una escalera hacia el cielo construida con los lamentos de los que vendieron demasiado pronto. Cada peldaño (máximos y mínimos crecientes) es una confirmación de que los toros (los alcistas) están emborrachándose con la sangre de los osos (los miedosos bajistas).
- **Bajista.** Un tobogán hacia el infierno lubricado con las lágrimas de los inversores que compraron «porque estaba barato». Cada rebote es una oportunidad para vender antes del siguiente desplome.
- **Lateral.** Es el purgatorio de los mercados. Ni sube ni baja, como una relación que se mantiene por pura inercia. Aquí los *swing traders* hacen el agosto mientras los *holders* se arrancan los pelos.

Un *swing trader* es un inversor que busca aprovechar movimientos de precio a corto o medio plazo, de días a semanas. Un *holder* compra y mantiene activos a largo plazo, ignorando las fluctuaciones del mercado.

Las medias móviles, el promedio del precio durante un tiempo determinado, son tu GPS en este terreno traicionero, ya que «suavizan» los datos y muestran la tendencia general:

- Media de **cincuenta días.** Es tu horizonte cercano, sensible y neurótico como un adolescente.
- Media de **doscientos días.** Eres la abuela sensata que ignora el ruido y solo reacciona ante cambios serios.

Cuando la media de cincuenta cruza por encima de la de doscientos (*golden cross*), ves salir el sol después de un invierno nuclear —o dicho de otro modo, indica que la tendencia es alcista—. Cuando cruza por debajo (*death cross*), es hora de considerar la inversión en latas de atún y búnkeres subterráneos.

SOPORTES Y RESISTENCIAS: PSICOLOGÍA DE MASAS EN ESTADO PURO

Los soportes y resistencias, al igual que sucede con las líneas rojas en una relación tóxica, todo el mundo sabe dónde están, pero nadie sabe si se respetarán.

- El **soporte** es el nivel donde los precios tienden a dejar de caer. Los compradores dicen «¡basta ya, joder!», y entran en masa. Como ese amigo que siempre te recoge cuando tocas fondo.

- La **resistencia** es el nivel donde los precios tienden a dejar de subir. El techo de cristal en el que los vendedores aparecen como cucarachas tras un apocalipsis. «¿A cien euros? Ni de coña».

«

Un soporte roto se parece a un corazón traicionado: nunca vuelve a ser lo mismo.

»

PATRONES GRÁFICOS: EL TAROT CIENTÍFICO QUE FUNCIONA (A VECES)

Para entender los patrones, puedes pensar en las constelaciones: están ahí solo porque miles de ojos los buscan al mismo tiempo. Y, curiosamente, por esa misma razón funcionan.

Hombro-cabeza-hombro: el patrón rock star

Imagina a un tipo que intenta tres veces levantar una pesa: la primera se queda a medias, la segunda lo consigue y la tercera vuelve a fallar. Eso es un HCH, la señal más clara de que el mercado ha agotado sus fuerzas y está a punto de desplomarse. Traducción: el mercado lo intentó tres veces, pero en el último intento ya no tiene gasolina y da muestras de agotamiento total. Prepárate para la caída, ya que es uno de los patrones más fiables para predecir que se acabó la fiesta alcista.

Lo fascinante es que funciona al revés también (es el HCH invertido): tres intentos de hundirse que culminan en un rebote épico, como un submarino ruso emergiendo en medio del Caribe.

Banderas y banderines: el descanso del guerrero

Esas pausas para respirar durante un maratón. El precio se dispara, luego se consolida en un rango estrecho, y finalmente continúa en la dirección original. Si las identificas a tiempo, son oro puro.

Te vamos a poner un ejemplo pornográfico: en 2020, Tesla formó una bandera perfecta antes de romper al alza y duplicarse. Los que la vieron se compraron yates; los que no, siguen explicando que «las acciones están sobrevaloradas».

El doble techo

En finanzas, un doble techo indica que el precio de un activo sube, llega a un nivel máximo (como si chocara contra un techo invisible), retrocede y vuelve a subir hasta un nivel similar, pero no lo supera, y luego baja —esperamos no haberte liado con tanta subida y bajada—. Es señal de que el activo probablemente no seguirá subiendo: el «techo» se ha tocado dos veces sin romperse.

«

Un doble techo es como intentar ligarte dos veces a la misma persona en la misma noche y recibir el mismo rechazo. A la tercera, mejor cambia de bar.

»

INDICADORES TÉCNICOS: TU ARSENAL DE TRAMPAS PARA OSOS Y TOROS

Deberías relacionarte con los indicadores como con los test de embarazo: ni son infalibles ni debes obsesionarte, pero ignorarlos puede traerte serios problemas.

El índice de fuerza relativa: el termómetro de la fiebre especulativa

El índice de fuerza relativa (*relative strength index* o RSI) te dice si una acción está más caliente que el asfalto en agosto (superior a setenta) o más fría que tu cuenta bancaria después de Navidad (inferior a treinta).

RSI >70	Sobrecomprado	«Esto está muy caro, debería bajar pronto»
RSI <30	Sobrevendido	«Esto está tirado de precio, debería rebotar»

Hay una trampa en la que caen muchos novatos: vender solo porque el RSI está alto. En mercados alcistas enloquecidos, el RSI puede mantenerse por encima de setenta durante semanas, como un adolescente hormonado en una playa nudista.

«

Moraleja: un RSI alto no significa «vende ya»; significa «hay mucho *momentum* alcista».

»

Convergencia/divergencia de medias móviles: el detector de mentiras

El índice de convergencia/divergencia de medias móviles (MACD, por sus siglas en inglés) es el polígrafo de los mercados. Cuando las líneas se cruzan, alguien está mintiendo... o a punto de hacer una fortuna.

¿Cómo funciona? El MACD presenta dos líneas que se persiguen como en una mala relación:

- Si se cruzan hacia arriba, es señal de compra. Básicamente, te dicen: «Ey, esto marcha, súbete al carro».
- Si se cruzan hacia abajo, es señal de venta. O sea: «Lárgate antes de que esto se hunda».

En cristiano: el MACD te chiva cuándo el precio miente. Si el precio dice una cosa pero el MACD te dice otra, hazle caso al MACD. Es ese colega que te avisa de que tu ligue está raro antes de que te deje por WhatsApp.

Las bandas de Bollinger: el embudo de la volatilidad

Son como los quitamiedos de una autopista: cuando el precio las toca, suele rebotar hacia el centro. Pero cuando las rompe..., agárrate que vienen curvas.

Las bandas de Bollinger son tres líneas que miden la volatilidad del precio. La línea central indica el precio promedio (media móvil); y la banda superior e inferior representan los límites dentro de los que el precio se mueve.

Lo normal es que el precio rebote entre las bandas como una bola de *pinball*. Si toca la banda superior, el precio rebota hacia abajo; si toca la inferior, rebota hacia arriba. ¿Cuándo se pone interesante? Cuando el precio «rompe» las bandas, señal de que está muy caro (banda superior) o muy barato (banda inferior).

Cuando las bandas se estrechan mucho (baja volatilidad), el precio se mueve poco y el mercado está «dormido». Es lo que se denomina *squeeze* y simboliza la calma antes de la tormenta.

Lo importante: después de un *squeeze* suele venir un movimiento explosivo, pero no sabes en qué dirección. Puede dispararse hacia arriba o desplomarse hacia abajo.

Imagina a dos borrachos mirándose fijamente antes de la pelea: sabes que va a pasar algo gordo, pero no sabes quién lanzará el primer puñetazo.

EN RESUMEN...

El análisis técnico no es una ciencia exacta: es el arte de leer las huellas psicológicas de millones de personas asustadas o eufóricas. Los gráficos son el electrocardiograma del miedo y la codicia colectiva. Como decía Jesse Livermore antes de volarse los sesos tras hacer y perder varias fortunas: «No hay nada nuevo en Wall Street. No puede haberlo porque la especulación es tan antigua como las colinas. Lo que ocurrió antes volverá a ocurrir».

Así que aprende a leer los gráficos, pero nunca olvides que detrás de cada línea hay un ser humano tan asustado y codicioso como tú. La diferencia es que ahora tú sabes dónde pondrá sus órdenes... antes que él mismo.

CAPÍTULO 18

Leer el viento: análisis fundamental para psicópatas pacientes

COMO DICE EL código secreto de Wall Street, cuando todos corren desnudos bajo la lluvia de dinero, solo el fundamentalista lleva paraguas y cuenta los cadáveres.

El análisis fundamental no es solo para cerebritos con gafas de pasta y calculadoras de los años ochenta. Es el arte de descifrar la realidad mientras el resto se masturba con gráficas bonitas. Aquí, querido aprendiz de psicópata financiero, aprenderás a leer entre líneas cuando todo el mundo está demasiado ocupado contando colorines en sus pantallas.

LOS ESTADOS FINANCIEROS: LA AUTOPSIA CORPORATIVA

Con los estados financieros sucede lo mismo que con las entrañas de un animal sacrificado para un chamán: si sabes interpretarlas, te dirán el futuro; si no, solo verás vísceras y sangre. La diferencia entre ganar millones o vivir debajo de un puente.

Para empezar, vamos a ver una serie de conceptos que tienes que saberte mejor que el estribillo de la canción del verano.

El **balance general** de una empresa es el detector de mentiras corporativo. En otras palabras, te dice qué tiene la empresa, qué debe y cuál es su valor neto. Se divide en tres partes principales:

- Al mirar los **activos**, hay que preguntarse si tiene fábricas y patentes, o solo ese famoso «potencial de mercado». Porque, seamos sinceros, este último no paga las facturas.
- Los **pasivos** también cuentan, ¡y mucho! Si la deuda crece más rápido que tus expectativas en una primera cita, es una señal clara de que tienes que huir.
- El **patrimonio** (**activos** – **pasivos**) es lo que realmente «vale» o «tiene» la empresa después de pagar todas sus deudas. Cuando es negativo, básicamente tienes menos que nada. Pero no desesperes: cuando una empresa tiene un patrimonio negativo (lo cual es una situación terrible), Wall Street a veces lo maquilla llamándolo «modelo disruptivo» o «inversión en crecimiento».

La **cuenta de resultados** es, en cierto modo, un estriptis trimestral. Aquí lo que importa son los ingresos reales, el dinero que entra, no los «usuarios activos» ni el *engagement*. El margen bruto revela el verdadero riesgo de la empresa; si está por debajo del 30%, es lo mismo que jugárselo todo con un condón pinchado: arriesgado y con pocas probabilidades de salir bien.

> El **margen bruto** muestra cuánto dinero gana una empresa después de cubrir los costos de producir o comprar sus productos o servicios, pero antes de pagar gastos como sueldos, alquileres o impuestos.

El beneficio neto, en cambio, es un orgasmo financiero: muchas empresas fingen, pero solo unas pocas logran alcanzarlo de verdad.

> El **beneficio neto** es lo que le queda a la empresa después de restar todos los gastos, incluidos costos de producción, sueldos, alquileres, intereses de deuda e impuestos...

Y luego está el **flujo de caja,** la verdad desnuda y cruda de la empresa. Un flujo operativo negativo se parece a una hemorragia en la femoral: los minutos que tienes antes del desastre se cuentan con los dedos. En cambio, un flujo de caja libre positivo y creciente es más fiable que las promesas de tu abuela antes de Navidad.

EL CICLO ECONÓMICO: LA RULETA RUSA INSTITUCIONALIZADA

La economía es un casino dirigido por académicos con traje que pretenden saber lo que hacen. Espóiler: no tienen ni puta idea, pero conocen modelos matemáticos para disimularlo.

Estos indicadores pueden salvarte el pellejo:

- **PIB.** Es el termómetro rectal de una nación. Si crece por debajo del 2%, la economía está en coma inducido. Si crece por encima del 4%, prepárate para la resaca inflacionaria.
- **Inflación.** El impuesto invisible que se folla a los pobres sin siquiera invitarlos a cenar. Cuando los banqueros centrales dicen que es «transitoria», tradúcelo como «estamos jodidos, pero no queremos que entréis en pánico».
- **Tipos de interés.** Establecen el precio del dinero. Cuando están bajos, la fiesta es salvaje; cuando suben, descubres quién nadaba desnudo. ¿Quieres un

ejemplo histórico? La crisis del 2008, cuando resultó que media América estaba en pelotas.

- **Desempleo.** Cuando baja demasiado, el capital se asusta porque los trabajadores pueden exigir —¡horror!— salarios dignos. Y ya sabemos que eso afecta al sacrosanto margen ebitda.

LA ECONOMÍA REAL: DONDE EL DINERO SE CONVIERTE EN PODER

Con la macroeconomía ocurre lo mismo que con el sexo: todos hablan de ella, pocos la entienden realmente y la mayoría finge saber más de lo que sabe.

El multiplicador monetario funciona así: el banco central inyecta un euro y la economía lo multiplica por cinco o hasta por diez mediante préstamos. Tu colega pide una ronda, acaba montando una fiesta y destroza la economía familiar durante meses. Es el mismo principio.

La velocidad del dinero mide cuántas veces se intercambia un euro en un año. En crisis, el dinero se mueve más lento que un funcionario en viernes. En burbujas, vuela como cocaína en una fiesta de brókeres.

ANÁLISIS SECTORIAL: LA JUNGLA CAPITALISTA

Cada sector es un ecosistema donde solo sobreviven los más adaptables, no los más fuertes:

- **Tecnológico.** Es un oligopolio disfrazado de meritocracia donde cinco empresas controlan todo el mundo digital mientras los demás fingen tener opciones.
- **Financiero.** Está poblado por vampiros con traje que transforman tu dinero en sus bonos. Cuando dicen «innovación financiera», tradúcelo como «nueva forma de robarte legalmente».
- **Energías renovables.** Es el futuro inevitable donde todos quieren estar, pero nadie quiere pagar los costes reales de la transición. Es un sector que hace más promesas que un político en campaña.

EL ARTE DE LA VENTAJA COMPETITIVA

El *moat* o foso competitivo es lo que separa a las empresas que sobrevivirán de las que acabarán en los libros de historia empresarial, como Kodak en el capítulo «Cómo cagarse encima desde lo más alto».

Para sobrevivir, presta atención a estos factores...

- **Economías de escala.** Es la ventaja que obtiene una empresa cuando aumenta su tamaño o volumen de producción, ya que puede producir más barato por unidad. Dicho de otro modo, ser grande te permite ser más eficiente. Amazon puede permitirse perder dinero en un sector durante años mientras estrangula a la competencia.
- **Efectos de red.** El valor de un producto o de un servicio aumenta conforme más personas lo usan. TikTok no es fabuloso, pero todos están ahí. Ese es su foso.
- **Costes de cambio.** Cambiar de proveedor o servicios puede suponer obstáculos, inconvenientes o gastos asociados. ¿Por qué no cambias de banco aunque te cobre por respirar? Porque es un puto coñazo. Eso es un coste de cambio.
- **Activos intangibles.** Son aquellos elementos no físicos que aportan valor a una empresa (marca, reputación, diseño...). Apple no vende tecnología; vende estatus. Y la gente paga un 40% extra por ello. Tan brillante como perverso.

LA ESTRATEGIA DEL FUNDAMENTALISTA PSICÓPATA

El fundamentalista espera: es un depredador. No corre tras cada oportunidad; deja que las oportunidades vayan a él. Cuando el pánico se apodera del mercado, él mantiene la sangre fría y calcula:

- El valor intrínseco versus el precio de mercado.
- El margen de seguridad (cuánto puede equivocarse y seguir ganando).
- Los catalizadores que desbloquearán el valor oculto.

«

El mercado es un mecanismo para transferir dinero de los impacientes a los pacientes. Buffett tenía razón, ¡joder!

»

FUNDAMENTALISMO PARA SOBREVIVIR

Al final, el análisis fundamental no es solo una técnica: es una filosofía de vida. Es entender que detrás de cada *ticker* —el código que identifica cada acción, fondo o activo financiero— hay una empresa real, con productos reales y trabajadores reales. Es la paciencia para esperar cuando todos corren, y el coraje para actuar cuando todos se paralizan.

La moraleja, querido aspirante a psicópata financiero, es simple pero brutal: mientras que los *traders* técnicos serían adolescentes persiguiendo orgasmos rápidos, los fundamentalistas serían amantes experimentados que saben que el placer verdadero requiere tiempo, conocimiento y sangre fría.

Y recuerda: en un mundo de ruido constante, el que sepa leer el viento ganará la carrera. No porque sea más rápido, sino porque sabrá cuándo izar la vela y cuándo recogerla.

El mercado siempre te dará lo que mereces, no lo que deseas. Aprende a merecerlo.

«

El fundamentalista no teme los mercados bajistas; los espera como un agricultor las rebajas de tractores.

»

(Inversor con paciencia de monje y sangre fría de sicario)

CAPÍTULO 19

Bailando con el diablo: la ciencia de sobrevivir al caos

EN EL MENÚ del día hay de todo un poco y te previene de la indigestión. La diversificación no es ese rollo que te contaba tu cuñado mientras te enseñaba su cartera de tres acciones del IBEX. Es más bien cómo organizar la nevera después de arrasar en el Mercadona: necesitas proteínas, hidratos, algo verde que ignorarás hasta que se pudra y, por supuesto, cerveza para cuando todo lo demás sepa a cartón.

«

En España el único plan de pensiones fiable es heredar de un tío soltero.

»

(Manual del inversor patrio)

LA TEORÍA MODERNA O CÓMO ENGAÑARSE CON MATEMÁTICAS

Harry Markowitz ganó el Nobel de Economía por decirnos que no pusiéramos todos los huevos en la misma cesta, algo que ya sabía la abuela que compraba Telefónica y Repsol «porque son empresas grandes, cariño».

Veamos un ejemplo. Durante la crisis de 2008, Paco tenía todo su dinero en pisos porque «la vivienda nunca baja». Ahora sirve cañas en un chiringuito que montó con el dinero del despido tras vender los pisos con pérdidas. Mientras tanto, su vecina Carmen, que repartió el dinero entre cuatro aburridas sociedades de inversión de capital variable (las famosas sicavs) y un puñado de bonos del Estado, disfruta de la jubilación quejándose de «lo mal que está todo» desde su casa pagada.

¿Cuál es la estrategia infalible en el mercado español?

- 40% en fondos cotizados (ETF) globales (por si España hace un España).
- 20% en ladrillo (porque somos así de cabezones).
- 15% en oro, plata o latas de atún (para cuando vuelva la peseta).
- 15% en renta fija europea (aburrido pero necesario, como un seguro de decesos).
- 10% en efectivo (para invitar a cañas cuando caiga la bolsa y todos lloren).

EL TAMAÑO SÍ IMPORTA (EN LAS POSICIONES, MALPENSADO)

El tamaño adecuado es aquel que te permite mantener la posición incluso cuando tu suegra, tu cuñado y el taxista te dicen a la vez que estás loco y que «eso va a caer».

Antonio, funcionario de Correos de Albacete, metió sus ahorros de setenta mil euros en Abengoa porque sus acciones «estaban muy baratas». Representaban el 90% de su cartera. Ahora puede empapelar el salón con acciones que valen menos que el papel higiénico. Mientras tanto, su compañero Miguel invirtió siete mil euros en diez empresas distintas, incluyendo Abengoa. Perdió en algunas, ganó en otras, y hoy sigue invirtiendo mientras Antonio jura que «la bolsa es un casino trucado».

«

Si puedes dormir tranquilo con tu inversión, es que es demasiado pequeña.

»

(El vecino del quinto que quebró tres veces)

¿Cómo calcular, entonces, el tamaño de tu posición? Esta es la fórmula que salva matrimonios:

Posición máxima = (pasta total × lo que puedes perder sin llorar) ÷ (volatilidad del cacharro × tu nivel de gilipollez)

Para casi todos los mortales y casi todos los activos, esto se traduce en no más del 5% en una sola posición, melón.

STOP-LOSS: EL CINTURÓN PARA NO SALIR VOLANDO

Las *stop-loss* son como el cuñado prudente que te quita las llaves cuando llevas tres cubatas: molesto en el momento, pero te salva la vida.

Una ***stop-loss*** es una orden automática para vender cuando el precio cae a un nivel predeterminado, limitando las pérdidas antes de que se vuelvan catastróficas.

Te vamos a contar una historia verídica de barrio. Manolo, electricista y *trader* aficionado, no creía en las *stops-loss* porque «son de cobardes». Metió treinta mil euros en Colonial justo antes de la crisis inmobiliaria. «Cuando baje, compraré más para promediar», decía en el bar. Hoy hace horas extras para recuperar lo perdido mientras su vecino Julián, que usaba *stop-loss* automáticas al –8%, perdió algo pero conservó capital para comprar pisos a precio de ganga en 2012.

Estos son los tipos de *stop-loss* que deberías conocer mejor que el horario del bar:

- ***Stop* mental.** Es una decisión que únicamente existe en tu cabeza, como prometer que «solo te tomarás una caña». Funciona hasta que deja de hacerlo.
- ***Stop* automático.** Es una orden real programada que das a tu bróker, que te saca cuando toca, como el amigo responsable que te arrastra fuera de la discoteca a las tres de la mañana.
- ***Trailing stop.*** Es la versión más inteligente. Se «arrastra» siguiendo el precio mientras sube, manteniendo siempre una distancia fija. Es decir, si compras a cien euros, pones el *trailing stop* en –10%. Así, si sube a ciento cincuenta, tu límite se mueve automáticamente a 135 euros. Así capturas más ganancias si sigue subiendo, pero si cae, cobras y te vas con la dignidad y los beneficios intactos.

TAKE-PROFIT: APRENDE A COBRAR Y PIRARTE

Es como irte de la boda justo después del cochinillo, pero antes de los chupitos: te pierdes el espectáculo del tío Paco bailando reguetón, pero te ahorras la resaca.

El ***take-profit*** es una orden automática para vender un activo cuando alcanza un precio predeterminado: aunque podrías ganar más si te lo quedas, evitas el riesgo de pérdidas si el mercado baja después.

Veamos una escena que te resultará reconocible para entenderlo mejor. Durante el *boom* de las renovables, Marta vendió sus acciones de Solaria con un 200% de beneficio. Vendió a veinticinco euros la acción. Sus amigos le dijeron que era tonta, que llegarían a los treinta. Ahora sus amigos explican que «el mercado está manipulado», mientras Marta disfruta del piso que compró con las ganancias.

«

Take-profit y *stop-loss* son herramientas para salir del mercado con un plan, no con pánico o con codicia.

»

SESGOS MÁS ESPAÑOLES QUE LA TORTILLA DE PATATAS

Si creías que los sesgos cognitivos son cosa de «los otros», piénsalo otra vez. En España tenemos nuestros propios clásicos, más arraigados que una caña con una tapa de aceitunas, que nos hacen tomar decisiones económicas a veces pintorescas.

Estos sesgos no son exclusivos de nuestro país, pero aquí los hemos perfeccionado con un estilo particular que combina optimismo desmedido, aversión al riesgo en el momento equivocado y una fe inquebrantable en que «esta vez será diferente». Te presentamos los cinco más peligrosos para tu cartera:

- **Sesgo Paco.** «Mi cuñado trabaja en un banco y dice que el Santander va a subir». Es igual que confiar en el cuñado que te dice que sabe arreglar fugas sin llamar al fontanero.
- **Efecto Nochevieja.** Comprometerse a metas financieras elaboradas tras las uvas que olvidarás antes de Reyes.
- **Síndrome de la Primitiva.** Preferir fantasear con pegar el pelotazo a construir un plan sólido a veinte años.
- **Falacia inmobiliaria.** «Los pisos siempre suben» es el «mañana empiezo la dieta» de las finanzas personales.
- **Experimento nacional.** Un estudio reveló que los españoles sienten más dolor al vender con pérdidas que placer al ganar la misma cantidad. Por eso mantenemos Telefónica durante quince años, esperando

que vuelva a subir, mientras rechazamos beneficios en empresas que «han subido demasiado».

HISTORIAS DE TERROR EN HORARIO DE SIESTA

Pepe quería comprar cien acciones de Inditex, pero su plataforma tenía el botón de «comprar» tan cerca del selector de cantidad que acabó comprando mil. Vendió novecientas en estado de pánico, pagando comisiones dobles. Esas novecientas acciones subieron un 40% en los siguientes meses mientras él miraba la cotización mordiéndose los puños.

Moraleja: una plataforma confusa es un cuchillo sin mango, acabarás cortándote tú mismo.

Para evitar que te pase lo que a Pepe, estas son las órdenes que deberías dominar mejor que la alineación de la Selección.

- **Limitada.** Compras un activo solo si alcanza un precio específico o inferior a este. Se parece a ir al Zara con un presupuesto fijo. «Compraré Iberdrola a diez euros, ni un céntimo más».
- ***One cancels other* (OCO).** Colocas dos órdenes al mismo tiempo: una para vender ganando y otra para vender cortando pérdidas. Por ejemplo, pones orden

de venta a doce euros para ganar y a ocho euros para cortar pérdidas. La que se ejecute primero cancela la otra automáticamente. Imagina salir con dos pretendientes a la vez y cancelar la segunda cita cuando la primera funciona.

- **Al mercado con protección.** Compras al precio disponible del mercado, pero con un límite. Es pedir «lo que haya» en el menú del día, pero con opción a rechazarlo si te traen callos.

LA LIQUIDEZ: MÁS IMPORTANTE QUE EL AIRE ACONDICIONADO EN JULIO

La liquidez es la capacidad de convertir tu inversión en *cash* sin provocar un desplome. Si intentas vender un piso en un pueblo y eres el único vendedor, quizá consigas un precio decente; si todo el pueblo vende a la vez porque cierran la fábrica, te darán cuatro duros.

En 2020, algunos fondos de inversión españoles tuvieron que bloquear los reembolsos porque todos querían salir a la vez. Fue un auténtico trauma colectivo, el equivalente financiero de cerrar las puertas del Metro cuando todos queremos bajar en Sol.

EL PLAN B: PORQUE LOS PLANES A SON TAN FIABLES COMO LA PUNTUALIDAD DE RENFE

Todo inversor español necesita tres planes.

- **Plan A:** tu estrategia cuando todo va como la seda.
- **Plan B:** tu protocolo para cuando viene otra crisis «que nadie podía prever».
- **Plan Ñ:** para cuando vuelva la peseta y el kilo de gambas cueste treinta mil pesetas.

El plan Ñ incluye:

- Liquidez para un periodo de entre seis y doce meses de gastos en efectivo (no en Cajamar).
- Unas monedillas de oro (no, las de chocolate no valen).
- Un pisito pagado (a poder ser, no en la España vaciada).
- Saber hacer algo útil (los consultores de redes sociales serán los primeros en caer).

CONCLUSIÓN: EL DIABLO BAILA MEJOR CON CASTAÑUELAS

El mercado financiero, de la misma manera que en una verbena de pueblo donde la orquesta toca lo que le da la gana, las reglas cambian cada tres canciones, y siempre hay alguien que acaba en el suelo. La diferencia entre acabar la noche bailando o llorando en el baño no está en la suerte, sino en saber qué bailar en cada momento.

Porque al final, querido inversor patrio, el diablo no elige bailar con los que tienen más dinero ni con los que leen más blogs financieros. Baila con los que han aprendido a mantener el ritmo cuando la música cambia, los que saben cuándo sentarse a tomar una caña y, sobre todo, los que entienden que en la inversión, como en España, lo importante no es evitar las crisis —que vendrán sí o sí—, sino estar preparado para sacarles partido.

El caos financiero español se asemeja a una buena paella: inevitable y complejo, pero si sabes apreciarlo, hasta puedes llegar a disfrutarlo.

«

La bolsa es la Lotería de Navidad: todos queremos el Gordo, pero la mayoría acabamos conformándonos con recuperar lo jugado y una figurita del Belén.

»

(Refrán de bar que vale millones)

CAPÍTULO 20

La riqueza escondida: libertad mental y el arte de no venderse

TE CONTAREMOS UN secreto que ningún consultor financiero se atreve a decir en voz alta: la mayoría de los ricos están tan jodidamente atrapados como el currante que espera el viernes con desesperación. La única diferencia es el tamaño de la jaula y la calidad del pienso.

Por ejemplo, Rodrigo es socio de una consultora prestigiosa en Madrid. Gana doscientos mil euros anuales, tiene un Audi A6 y un chalé en La Moraleja con hipoteca a treinta años. También tiene úlcera, un divorcio en proceso, y no ha visto crecer a sus hijos porque estaba demasiado ocupado «cerrando el trimestre». Su libertad es una ilusión más falsa que una foto de comida en Instagram.

«
El dinero solo compra la libertad que no supiste conseguir cuando eras pobre.
»
(Evangelio financiero que nadie quiere oír)

LA ECUACIÓN DE LA INDEPENDENCIA QUE NADIE TE ENSEÑA

La auténtica riqueza se calcula con una fórmula que ningún banco te mostrará jamás:

Libertad financiera = ingresos pasivos/gastos esenciales

Cuando esta ratio supera el 1, no necesitas despertarte con alarma nunca más. Cuando llega a 2, puedes mandar a la mierda a cualquiera sin consecuencias económicas.

Ana, una profesora de instituto, vive en un piso de setenta metros cuadrados ya pagado, invierte el 40% de su sueldo en ETF globales y fondos indexados, y gasta menos de lo que ingresa. Carlos, ejecutivo de *marketing* digital, gana el triple, pero tiene que pagar los créditos por dos coches de alta gama, un ático con hipoteca estratosférica y debe sonreír a jefes imbéciles para mantener su teatro de prosperidad. ¿Quién duerme mejor por las noches? ¿Quién es realmente rico?

EL NUDO GORDIANO DEL CONSUMISMO: IDENTIDAD VERSUS POSESIÓN

El sistema te ha inoculado la creencia de que eres lo que compras. Te dice que ese iPhone 15 Pro Max no es un teléfono; es una extensión de tu identidad, un símbolo de estatus, un refugio existencial contra la insignificancia.

Para desatar este nudo, debemos entender la psicología del deseo adquisitivo.

La trampa dopamínica del consumo

Cada compra sigue un ciclo neurológico perverso:

- Anticipación. El cerebro segrega más dopamina esperando el producto que cuando lo recibe.
- Adquisición. Pequeño subidón de serotonina.
- Adaptación hedónica. Después de semanas, ese objeto que tanto deseabas se vuelve invisible para ti.
- Búsqueda del siguiente *hit:* vuelta al paso 1.

Pedro se endeudó para comprar un BMW Serie 5. Las primeras dos semanas lo fotografió desde todos los ángulos posibles. Un mes después, era simplemente «el coche». Tres meses más tarde, vio un Serie 7 y sintió que su vida era incompleta otra vez. Mientras tanto, Elena se compró una bicicleta eléctrica que usa a diario, ahorró la diferencia y vive sin verificar su extracto bancario antes de cada compra. Este ciclo es el modelo económico dominante. Si todos viviéramos dentro de nuestras posibilidades, la economía se contraería un 20% en un trimestre.

La inflación de expectativas: el impuesto invisible sobre tu felicidad

La inflación no solo devora tu dinero, también consume tu capacidad de satisfacción. Lo que antes te hacía feliz ahora te parece insuficiente.

La espiral aspiracional

En 1960, una familia española de clase media aspiraba a tener un piso en propiedad, vacaciones anuales en la playa, un coche modesto y garantizar la educación superior a los hijos.

En 2025, la misma clase social «necesita» una casa principal y una segunda residencia, uno o mejor varios viajes internacionales con fotos instagrameables, un SUV de marca alemana, niños bilingües con tres actividades extraescolares, tecnología de última generación renovada anualmente y ropa de marca para aparentar en las redes sociales.

La economía de la felicidad muestra que, pasado cierto umbral (unos setenta mil euros anuales en España), más dinero no aumenta significativamente tu bienestar. Lo que aumenta es tu lista de problemas de rico, que son igual de jodidos, pero con mejor vestuario.

La elasticidad de precios: el orgasmo económico que nadie te explica

Antes de sumergirte en aguas sentimentales, déjanos recordarte un concepto económico por el que pagarías si supieras lo que vale. La elasticidad de precios es ese amante discreto que determina si te están follando a ti o estás follando tú al mercado.

Imagina que el precio de tu cerveza favorita sube un 10% y tú reduces tu consumo un 20%. Felicidades, tu elasticidad acaba de salir del armario (−2,0), y es más flexible que un contorsionista con doble articulación. Esto significa que tus hábitos de consumo se doblan ante las variaciones de precio como un político ante un sobre.

Por el contrario, cuando el precio de la insulina sube un 50% y la demanda apenas se mueve un 5%, estamos ante una elasticidad del −0,1, más rígida que la moral de un santo. Aquí es donde las farmacéuticas se descojonan mientras cuentan billetes: saben que pagarás lo que sea porque, bueno, prefieres vivir. ¿Y a qué viene esta clase magistral justo ahora? Porque tú, pedazo de inversor aspirante, estás en la absurda posición de hacer elásticas las cosas que todos consideran rígidas.

Mientras el rebaño humano se desangra financieramente pensando que ciertos gastos son «inevitables», tú puedes decidir que tu demanda de símbolos de estatus tiene la elasticidad de un chicle en el asfalto de agosto. Es aquí donde entra el arbitraje de expectativas, esa estrategia que hace que los gestores de patrimonio convencionales se meen en sus trajes italianos.

El silencio de una mañana donde no suena la alarma porque no tiene que sonar. La risa de un hijo al que puedes recoger en el colegio sin consultar a nadie. La paz de una decisión tomada desde la libertad, no desde la necesidad... Estos son los verdaderos intereses compuestos de una vida bien invertida.

ARBITRAJE DE EXPECTATIVAS: LA ESTRATEGIA DEL RICO INVISIBLE

Aquí viene la estrategia que los gestores de patrimonios odian con la intensidad de un auditor fiscal frente a un paraíso fiscal: el arbitraje entre lo que la sociedad espera que gastes y lo que realmente necesitas para ser feliz. Es como hacer *trading* con la diferencia entre la percepción y la realidad, y, amigo, esa brecha es tan ancha como el ego de un bróker cocainómano.

La fórmula del rico anónimo es matemáticamente pornográfica:

> Ingresos altos o medios + gastos bajos = superávit masivo

Y aún hay una fórmula más que allanará tu camino hacia la felicidad:

Superávit × tiempo × interés compuesto =
libertad absoluta

Esta ecuación explica por qué el fontanero que vive en un barrio normal puede terminar siendo más rico que el abogado que vive en un barrio exclusivo. Es el secreto mejor guardado de la clase media alta: mientras tú financias un BMW para impresionar a gente que te importa una mierda, hay millonarios en zapatillas que te observan y se descojonan.

El millonario de Vallecas

Julián heredó el negocio de fontanería de su padre. Nunca ganó más de treinta mil euros al año, pero...

- Compró su piso en los años noventa y lo pagó en quince años, mientras sus amigos se endeudaban hasta las cejas para comprar casa «en el barrio correcto».
- Invirtió sistemáticamente en fondos indexados desde los treinta años, cuando todos creían que la bolsa era cosa de «los ricos».
- Nunca se compró un coche que no pudiera pagar al contado porque entendió que un BMW financiado es un paraguas roto: parece que te protege, pero en

cuanto empieza la tormenta acabas calado hasta los huesos.

- Educó a sus hijos para que entendieran la diferencia entre *valor* y *precio*, mientras los hijos de los directivos aprendían a diferenciar entre Gucci y Prada.

A los sesenta años, tiene un patrimonio de 1,2 millones de euros, cero deudas y trabaja porque quiere, no porque lo necesite. Mientras tanto, la mitad de los directivos de la Castellana viven con el agua al cuello, manteniendo una fachada que les cuesta más de lo que ganan.

EL COSTE DE OPORTUNIDAD DE TU VIDA: LA MATEMÁTICA DE LAS RENUNCIAS

Cada euro tiene un destino y un coste de oportunidad tan inevitable como las consecuencias de tus decisiones nocturnas. Cada decisión de gasto es una renuncia al crecimiento futuro, un acto de automutilación financiera que la mayoría ejecuta con la alegría de un lemming saltando al precipicio.

Hagamos un experimento mental: imagina que esta noche gastas cien euros en una cena para impresionar a gente que te importa un carajo. Esos cien euros equivalen a mil euros menos dentro de treinta años (asumiendo un 8% de rentabilidad media). Cada vez que pides una botella de vino para aparentar estás literalmente tirando billetes de cien euros en el inodoro.

La pregunta no es: «¿Puedo permitirme este capricho?», sino: «¿Vale la pena sacrificar mi libertad futura por esta satisfacción momentánea?». Muchos perseguimos espejismos financieros creyendo que la próxima adquisición, el próximo ascenso o el próximo cero en la cuenta corriente nos traerá esa paz que tanto anhelamos. Corremos tras señales de estatus que no son más que contratos de esclavitud disfrazados de éxito: hipotecas más grandes, compromisos más extensos, cadenas doradas más pesadas. Pero quizá la inversión más audaz que puedas hacer hoy no está en ningún mercado de valores. Está en atreverte a redefinir qué significa para ti *prosperar*. Está en la valentía de decir «no» a lo que todos persiguen. Está en la rebeldía de medir tu patrimonio en amaneceres tranquilos.

LA PAZ MENTAL: EL VERDADERO LUJO DEL SIGLO XXI

En una economía de la atención, donde todo está diseñado para robarte tiempo mental, la paz interior es el nuevo Ferrari.

El capital tranquilidad

Compara estas dos vidas...

María tiene unos ingresos de cuatro mil euros al mes y unos gastos de dos mil, por lo que mantiene un ahorro del 50%. Dispone de un colchón para un año sin ingresos. Duerme ocho horas, hace ejercicio y su móvil no recibe notificaciones intranquilizadoras.

Javier goza de unos ingresos de ocho mil euros al mes, pero unos gastos de siete mil ochocientos euros. Además, paga una hipoteca a treinta y cinco años que le quita el sueño. Odia su trabajo, pero lo necesita. Comprueba el *mail* todos los días en vacaciones. Su *smartwatch* le avisa constantemente de su ritmo cardiaco elevado.

La economía tradicional diría que Javier es más rico. La economía del bienestar sabe que María es infinitamente más próspera en lo que realmente importa.

La inflación de la ansiedad

Mientras la inflación monetaria ronda el 3%, la inflación de la ansiedad social crece un doble dígito cada año. Estas son las dinámicas que debes tener claras:

- Más información = más comparación = más insatisfacción.
- Más opciones = más miedo a equivocarse = más parálisis.
- Más velocidad = menos reflexión = peores decisiones.

«

La ventaja competitiva del futuro será la capacidad de pensar con claridad en medio del caos.

»

La integridad como activo financiero: el precio de venderse

La integridad no es solo una cualidad moral; en un mundo hiperconectado, es un activo económico tangible.

Cada vez que comprometes tus valores por dinero, pagas un impuesto invisible en forma de autoestima reducida. Este impuesto tiene un efecto compuesto negativo: cada pequeña traición a ti mismo hace más fácil la siguiente.

Hazte esta pregunta crucial: ¿cuánto vale poder mirarte al espejo cada mañana sin apartar los ojos?

«

Investigadores de la Universidad de Zúrich demostraron que las áreas cerebrales que se activan ante dilemas morales son las mismas que procesan el valor económico. Tu cerebro, literalmente, calcula el precio de tu integridad.

»

En mercados saturados, la integridad genera un plus de precio. Los clientes pagan más por tratar con profesionales en quienes confían. La transparencia y la coherencia se convierten en ventajas competitivas.

Mira los negocios más longevos: prácticamente todos tienen reputaciones construidas durante décadas. La integridad es cara a corto plazo y tremendamente rentable a largo plazo.

CONCLUSIÓN: LA AUTÉNTICA RIQUEZA ES INVISIBLE

La verdadera riqueza es inmune a las recesiones, no necesita seguro, y no la puede embargar Hacienda. Es la suma de...

- **Libertad.** La capacidad de usar tu tiempo como te dé la gana.
- **Tranquilidad.** Dormir sin preocupaciones financieras.
- **Propósito.** Hacer algo que importa, al menos a ti.
- **Conexiones reales.** Relaciones no basadas en interés.

El dinero es una herramienta necesaria, pero confundirlo con el objetivo es como admirar el martillo en lugar de la casa que estás construyendo.

El arte de no venderse no consiste en rechazar el dinero, sino en entender su justo lugar en la jerarquía de lo que importa. Porque al final, amigo lector, nadie en su lecho de muerte ha suspirado jamás: «Ojalá hubiera pasado más horas en la oficina» o «Me arrepiento de no haber comprado un coche más caro».

La auténtica riqueza es decir «no» a lo que todos ansían y «sí» a lo que realmente te hace libre.

«

La pobreza no es falta de dinero,
sino de opciones. La riqueza
no es abundancia de posesiones,
sino de posibilidades.

»

(Último suspiro de un inversor libre)

CAPÍTULO 21

Riqueza real: cuando el dinero sirve, no gobierna

NO TODOS LOS economistas te enseñan a ser un tiburón de los negocios ni a dormir abrazado a una calculadora. Algunos, de hecho, miran el dinero con cara de «oye, relájate un poquito». Desde Aristóteles —que ya decía que el dinero debía servir para vivir bien y no para volverse loco acumulándolo— hasta el Nobel de Economía Amartya Sen, que básicamente nos recuerda que una sociedad desarrollada no es la que nada en billetes, sino la que permite a su gente vivir la vida que realmente quiere, hay toda una corriente de autores que piensan diferente. Resulta que el dinero es como el fuego: bien usado, te calienta la casa y te cocina la cena; mal usado, te lo quema todo y acabas durmiendo en el sofá de tu madre La diferencia entre riqueza y miseria no siempre está en cuánto tienes, sino en para qué lo usas y si te deja vivir o te convierte en su esclavo. Así que prepárate para un capítulo donde los números importan menos que las decisiones y donde descubrirás que, a veces, la mejor inversión es saber cuándo no invertir.

«

El dinero es un buen sirviente, pero un amo de mierda.

»

(Proverbio francés que te salvará el culo)

EL JUEGO FINAL: FILANTROPÍA VERSUS EGOÍSMO (O CÓMO GANAR SIENDO «BUENO», AUNQUE NO LO SEAS)

Imagina la vida como una mesa de póker clandestina donde cada cabrón juega con dos cartas tatuadas en el alma: codicia y generosidad. Mírate las manos. ¿Qué ves?

La teoría de juegos —ese invento de matemáticos antisociales que explicaron por qué somos todos unos malnacidos racionales— nos revela algo perturbador: el equilibrio de Nash no llega cuando acumulas fichas como un dragón con trastorno obsesivo-compulsivo, sino cuando cooperas estratégicamente.

Aquí viene la parte que hará que escupas el café: la filantropía es el *hack* definitivo del capitalismo. Warren

Buffett donando el 99% de su fortuna no tiene un brote psicótico. Es más listo que todos nosotros juntos.

La **paradoja del filántropo:** hay un truco fiscal que tu asesor nunca te contará, y es que cada euro donado es un puñetazo directo a la base imponible. El Gobierno llora. Tú sonríes.

¿Sabes cuánto cuesta poner tu nombre a un hospital? Menos que mantener tres exesposas, y te garantiza la eternidad más que la criogenia. ¡Inmortalidad a precio de ganga!

¿Y una beca con tu nombre? Es generar un retorno de capital oculto. Los chavales que becas hoy serán los CEO que mañana te abrirán puertas que ni sabías que existían: plantar árboles cuyo fruto jamás pensaste comer, pero que de repente te ocupan un huerto entero.

Es una jugada maestra. Si todos donan, la sociedad se convierte en una máquina de oportunidades. Si solo tú donas, pareces gilipollas..., hasta que los demás descubren que tu «bondad» te abrió mercados inaccesibles para ellos.

INVERSIÓN RESPONSABLE: CAPITALISMO CON CONDÓN

¡No jodas con que esto es cosa de *hippies* con cuenta en Triodos!

La microeconomía del bien funciona como una partida de ajedrez emboscada: cuando pones pasta en empresas éticas, distorsionas las curvas de oferta y demanda a tu favor. Compras acciones de una *startup* de energía limpia, su precio se dispara, los dinosaurios petroleros ven subir su costo de capital, y de repente eres un puto *market maker* con conciencia.

LEGADO FAMILIAR: CRIAR TIBURONES, NO PARÁSITOS (O CÓMO EVITAR QUE TUS HIJOS SE CONVIERTAN EN *INFLUENCERS*)

Crear dinastías de valor requiere de la misma habilidad que entrenar lobos sin que te arranquen la yugular. La teoría del principal-agente te explica por qué tus hijos heredarán tu dinero, pero cagarán tu legado si no aplicas estas tres trampas psicológicas.

> La **teoría del principal-agente** estudia cómo lograr que alguien que trabaja para ti actúe en tu in-

terés, aun cuando tenga información o motivaciones diferentes a las tuyas. O siendo más directos: cómo lograr que quien trabaja para ti no termine haciendo lo que le da la gana.

1. La ruleta rusa financiera

Dale a cada uno de tus hijos diez mil euros y un ultimátum: «Consigue un 8% de rentabilidad anual o prepárate para servir hamburguesas seis meses». No es crueldad. Es educación acelerada. Napoleón no se hizo emperador siendo el niño mimado de la clase.

2. El testamento trampa

Crea un fideicomiso con cláusulas que harían sonreír a Nicolás Maquiavelo:

- Se abonará un 25% a los veinticinco años (suficiente para que la caguen, insuficiente para que se destruyan a sí mismos).
- Se entregará un 50% a los treinta y cinco años (si demostraron ser algo más que consumidores de oxígeno previamente).
- El resto lo recibirán cuando estés tan muerto que no puedas ver cómo lo despilfarran.

Aquí viene el giro brutal: incluye una cláusula fantasma que reduzca la herencia proporcionalmente a sus ingresos pasivos. Quien haya construido su propia riqueza heredará menos. Parece injusto, pero es pura justicia poética: ya aprendieron a pescar, no necesitan más peces.

3. La paradoja emocional

Enseña a tus hijos que el tiempo es una inversión de alto rendimiento:

- Una hora diaria estudiando mercados durante veinte años puede traducirse en una herencia de siete cifras.
- Leer un libro a la semana puede ser mejor que hacer un MBA carísimo que solo les dará contactos alcoholizados.

LA BILLETERA INTERIOR: EL ACTIVO QUE NADIE AUDITA

Atención: esta parte parece autoayuda, pero es pura matemática emocional.

¿Te has preguntado por qué Warren Buffett, con sus noventa y cinco años y 100.000 millones, sigue viviendo en la misma casa desde 1958 y desayunando en McDonald's? ¿O por qué Ray Dalio, con su imperio en Bridgewater, dedica veinte puñeteros minutos diarios a meditar como un monje zen? No están locos. Solo entendieron antes que tú la ecuación completa:

Salud = interés compuesto biológico
+
Familia = *hedge fund* emocional
+
Desarrollo personal = *short squeeze* definitivo
=
Bienestar

- **Salud.** Cada euro en brócoli y gimnasio te ahorra diez en baipás coronarios. Tu cuerpo con una deuda física es como una *startup* que consume el efectivo disponible de manera descontrolada: impresiona a corto plazo, pero quiebra cuando más la necesitas.
- **Familia.** El retorno de capital emocional que supone jugar con tus hijos supera cualquier cotización en bolsa. ¿De qué te sirve ser el lobo de Wall Street si en casa eres un desconocido con traje caro?
- **Desarrollo personal.** Mientras los demás invierten en fondos cotizados en bolsa, tú compras acciones de ti mismo. Aprender filosofía, dominar el silencio o viajar a sitios sin cobertura 5G son opciones *call* contra la estupidez colectiva.

EL DILEMA FINAL: ¿QUIERES SER MIDAS O BUDA?

Prepárate para la hostia mental. Aquí está el giro argumental que ningún gurú financiero se atreve a admitir: el dinero no es el objetivo final. Es, simplemente, la munición que disparas en el juego cósmico de la existencia.

- Escenario A. Acumulas 100 millones. Mueres solo. Tu funeral es la boda del hijo de tu jefe de los eventos fúnebres: exclusivo, caro y lleno de gente obligada a ir que secretamente celebra tu ausencia.
- Escenario B. Vives con lo justo. Mueres rodeado de gente que te apreciaba. Tu funeral parece un festival *indie:* con poco presupuesto pero auténtico hasta la médula.

El 97% de los millonarios, en su lecho de muerte, no piensan «debí comprar más bitcóins», sino «debí ir a más fiestas, follar más despacio y quemar menos puentes por mi ego».

Y ahora, mientras digieres esta verdad incómoda, pregúntate: ¿estás acumulando riqueza o simplemente amontonando dinero? Porque hay una diferencia abismal, y descubrirla antes del último latido es el verdadero juego que todos estamos jugando.

El tiempo corre. Tu inversión más valiosa es la que haces ahora mismo, leyendo esto.

CAPÍTULO 22

El gran Gatsby: un cóctel filosófico de obsesión, crecimiento y ambición

LA PELÍCULA *El gran Gatsby* (2013) no es una historia de amor, y si crees que lo es, probablemente también creas que el *shiba inu* es una reserva de valor fiable. Lo que vemos, bajo la dirección frenética de Baz Luhrmann y la sonrisa de Leonardo DiCaprio, es una clase magistral sobre la falacia del costo hundido y la gestión catastrófica de riesgos. El protagonista no es un romántico, es un especulador emocional operando con un apalancamiento suicida. *El gran Gatsby* nos brinda un trago filosófico tan potente como los que se servían en las fiestas clandestinas durante la Ley Seca. Adaptación de la novela clásica de F. Scott Fitzgerald de 1925, esta historia nos presenta una reflexión profunda sobre la naturaleza humana y los peligros de invertir todas nuestras fichas emocionales en un solo valor.

LA OBSESIÓN: EL SUICIDIO DE NO DIVERSIFICAR

Gatsby viola la primera regla de cualquier gestor de fondos decente: la diversificación. Su estrategia es un *all-in* irracional a un solo activo de altísima volatilidad llamado Daisy Buchanan. Todo su imperio —la mansión, los trajes de lino, el coche amarillo— son solo gastos de capital destinados a una única operación: la adquisición de Daisy. El problema es que Daisy es un «activo tóxico»: bonita por fuera, pero podrida en sus fundamentos. Gatsby ignora el riesgo sistemáticamente y se expone a una quiebra total por capricho.

«

El mercado puede permanecer irracional más tiempo del que tú puedes permanecer solvente.

»

(John Maynard Keynes, probablemente refiriéndose a tipos como Gatsby)

EL CRECIMIENTO: DE JAMES GATZ A JAY GATSBY

El arco de transformación de Gatsby es el equivalente filosófico de una *startup* que pasa de valer cero a convertirse en un unicornio. James Gatz, un chico pobre de Dakota del Norte, se reinventa como Jay Gatsby, el misterioso millonario de West Egg.

Este proceso refleja ideas platónicas sobre la transformación y el devenir. Gatsby encarna la noción nietzscheana de la voluntad de poder y la autocreación. Quién es Gatsby es la pregunta que todos se hacen, reflejando el enigma filosófico de la identidad: ¿somos «lo que nacemos» o «lo que nos creamos»? Sin embargo, como muchas burbujas económicas, el crecimiento de Gatsby está construido sobre cimientos frágiles. Su riqueza proviene de negocios turbios (*bootlegging*), como muchas fortunas rápidas que parecen demasiado buenas para ser honestas. La filosofía y la economía comparten aquí una lección: el crecimiento sostenible requiere fundamentos sólidos.

LA AMBICIÓN: EL SUEÑO AMERICANO Y SUS LÍMITES

Si el sueño americano fuera una oferta pública inicial (IPO), Gatsby sería su folleto de emisión más seductor. Su historia personifica la ambición de ascender socialmente, de reinventarse, de alcanzar la prosperidad.

Filosóficamente, Gatsby representa la tensión entre determinismo y libre albedrío.

¿Podemos realmente escapar de nuestros orígenes? El color verde de la luz del muelle de Daisy —ese indicador luminoso que Gatsby contempla noche tras noche desde el otro lado de la bahía— simboliza no solo el dinero, sino la esperanza de trascender las limitaciones de clase.

Sin embargo, la película nos muestra los límites de esta ambición. Como en un mercado oligopólico, la élite representada por Tom y Daisy Buchanan mantiene barreras de entrada invisibles pero infranqueables. No importa cuánto dinero acumule Gatsby, seguirá siendo considerado un advenedizo, un *outsider*.

LA ECONOMÍA DEL «POSTUREO»

Seamos claros: las fiestas de Gatsby son una estafa piramidal de *networking* y él es el precursor del *influencer* que alquila un jet privado para hacerse fotos en la pista pero que viaja en Ryanair. Aplica la teoría de la señalización de forma agresiva: quema efectivo para reducir la asimetría de información sobre su origen. ¿El objetivo? Que nadie pregunte de dónde sale el dinero (espóiler: del crimen organizado, la economía sumergida clásica). Sus invitados son parásitos que consumen liquidez gratuita; beben su alcohol y se comen sus canapés sin aportar ni un centavo a su ROE.

EL MOMENTO MINSKY: CUANDO LA FIESTA SE PAGA

Aquí entra el concepto nicho que explica por qué todo se va al garete: el Momento Minsky. En economía, este ocurre cuando un periodo de estabilidad fomenta la asunción de riesgos excesivos, lo que lleva inevitablemente a una crisis de colapso repentino.

- **Fase de desplazamiento:** James Gatz se reinventa.
- **Fase de euforia:** en las fiestas en West Egg, el champán corre, las acciones suben y la moral baja.
- **Fase de colapso:** el mercado corrige violentamente y Gatsby descubre que su valoración de mercado (su estatus) estaba inflada por deuda y mentiras.

BARRERAS DE ENTRADA Y EL CÁRTEL DE LA «VIEJA PASTA»

Si el sueño americano operara en un libre mercado, Gatsby habría ganado. Pero la alta sociedad de Nueva York es un oligopolio cerrado. Tom y Daisy Buchanan representan el capital heredado, los «inversores institucionales» con barreras de entrada imposibles de franquear para un advenedizo. No importa cuánto facture Gatsby; carece del pedigrí necesario para entrar en el consejo de administración. Es la diferencia entre tener dinero y tener clase: lo primero se imprime, lo segundo se hereda.

En conclusión: la quiebra de Gatsby es el resultado lógico de una mala *due diligence*. Invirtió en un pasado que ya no existía y en una mujer que no valía el precio de la acción.

LA MORALEJA ECONÓMICO-FILOSÓFICA

El desenlace trágico de Gatsby nos ofrece una lección que se aplica tanto a inversiones financieras como emocionales: la diversificación importa, el origen del capital determina su sostenibilidad, y algunos mercados (como el de la aceptación social) tienen reglas no escritas que el dinero no puede comprar.

Como Nick Carraway nos recuerda al final de la novela de Fitzgerald: «Así seguimos, botes contra la corriente, incesantemente arrastrados hacia el pasado». Esta frase encierra una verdad tanto para los *traders* como para los filósofos: por más que intentemos manipular el futuro con nuestras ambiciones y estrategias, hay fuerzas más grandes que nos arrastran, y a veces, como ocurre con las recesiones económicas o con las tragedias personales, son fuerzas que no podemos controlar.

El gran Gatsby no condena la ambición o el crecimiento *per se*, sino que nos invita a reflexionar sobre sus límites y sobre el precio que estamos dispuestos a pagar por ellos. Como diría cualquier buen asesor financiero: antes de invertir, asegúrate de entender todos los riesgos.

CAPÍTULO 23

Teoría de juegos: el arte de no ser el pringado del barrio

¿TIENES UN *déjà vu*? ¿Te suena haber leído sobre la teoría de juegos allá por el capítulo 16? Tranquilo, no es un fallo en Matrix ni nos hemos quedado sin ideas.

Antes te enseñamos a usar este modelo como una espada: te enseñamos cómo farolear, cómo atacar y cómo ganar en mercados donde lo que uno gana otro lo pierde. Era la teoría de juegos del lobo solitario.

Ahora, venimos a hablar de la teoría de juegos del rebaño. Porque, nos guste o no, vivimos rodeados de otra gente (vecinos, cuñados, la comunidad de propietarios) y no siempre podemos ganar destruyendo al otro. A veces, la decisión más racional para el individuo provoca un desastre colectivo.

Bienvenido al barrio económico, donde el problema no es ganar la partida, sino evitar que el edificio se derrumbe.

EL DILEMA DE LOS PLATOS SUCIOS

Imagina que tú y tu compañero de piso habéis dejado la cocina hecha un escenario de guerra postapocalíptica.

- Opción A (cooperar): empiezas a limpiar. Te cuesta esfuerzo y tiempo.
- Opción B (traicionar): te haces el sueco, miras el móvil y esperas a que el otro se harte y limpie él.

Si fueras un *Homo economicus* puramente egoísta (como te sugerimos ser en el capítulo 16), tu estrategia dominante será no limpiar nunca. ¿Por qué? Porque si el otro limpia, tú ganas (cocina limpia + cero esfuerzo). Y si el otro no limpia, tú tampoco eres el tonto que trabaja gratis. El problema es que tu compañero piensa exactamente igual. Como resultado, nadie limpia y vivís entre cucarachas. Habéis alcanzado un equilibrio de Nash, pero uno que apesta (literalmente).

Esta es la realidad de la teoría de juegos aplicada a la sociedad: estudia cómo decisiones que son «inteligentes» de forma aislada nos convierten en idiotas en conjunto.

EL EQUILIBRIO DE NASH (OTRA VEZ): LA MALDICIÓN DE QUEDARSE DE PIE

Sí, ya te hablamos de John Nash en páginas anteriores. Pero si en el capítulo 16 Nash era tu aliado para detectar faroles, aquí es el aguafiestas que te explica por qué los conciertos son incómodos.

El equilibrio de Nash en sociedad es ese momento en el que todo el mundo ha tomado la mejor decisión posible para sí mismo, dado que lo hacen los demás, y el resultado es una basura para todos.

Piensa en un concierto o en una sesión de cine: si todos están sentados, todos ven bien y están cómodos; si tú te levantas (egoísmo racional), ves mejor que nadie. Pero como los de atrás no son tontos, también se levantan para no perder visión. El resultado final es que todos acabáis de pie, incómodos y viendo exactamente lo mismo que si estuvierais sentados.

El clásico ejemplo es el llamado *dilema del prisionero.* Dos colegas son detenidos por la policía por un delito menor. Los interrogan por separado ofreciéndoles un trato: «Si delatas a tu amigo y él se calla, tú sales libre y él se come diez años. Si los dos os calláis, cumplís un año de pena cada uno. Si los dos os delatáis, os caen cinco años a cada uno». Lo racional es delatar, aunque lo mejor para ambos sería callarse. El equilibrio de Nash está en que ambos se delatan y se comen cinco años, cuando podrían haberse comido solo uno.

Si todos usamos el coche en lugar del transporte público para ir al centro, acabamos en un atasco monumental, pero nadie quiere ser el único pringado en el autobús.

EL VALOR DE LAS *APPS* DE REPARTO: DEL REPARTIDOR EN BICI AL UNICORNIO LATINOAMERICANO

Y ahora vamos con las plataformas de entrega a domicilio, ese colega que te trae la comida cuando estás tan cómodo en el sofá que ni el apocalipsis zombi te movería.

Son lo que llamamos una plataforma multilateral: conecta a restaurantes, repartidores y clientes hambrientos más vagos que el gato Garfield. Su valor no está solo en las aplicaciones tan chulas que tienen, sino en haber creado un ecosistema donde todos creen ganar:

- Los restaurantes amplían su clientela sin necesidad de contratar repartidores.
- Los repartidores consiguen curro flexible (aunque precario, no nos engañemos).
- Tú consigues comida sin moverte del sofá.

El verdadero valor está en los efectos de red: cuantos más restaurantes, más usuarios; y cuantos más usuarios, más repartidores quieren unirse. Una bola de nieve que, en vez de nieve, acumula capital.

Por supuesto, a la hora de calcular su valor de mercado entran más cosas: los datos que recopilan (que valen más que el oro), la capacidad de expandirse a otros servicios (ya no solo llevan comida, sino hasta medicinas o efectivo) y la apuesta por ser una superaplicación al estilo asiático.

La conexión escondida

¿Y sabes qué? Estos tres conceptos —teoría de juegos, equilibrio de Nash y una hamburguesa fría— están más relacionados que un grupo de amigos en una serie de Netflix. En la teoría de juegos, las *apps* de reparto juegan a varios bandos: con los restaurantes, los usuarios y los repartidores, intentando que todos se queden en sus plataformas.

Y hay varios equilibrios de Nash en su modelo:

Los restaurantes no quieren pagar comisiones altas, pero si salen de la aplicación pierden visibilidad frente a la competencia que se queda.

Los usuarios no quieren pagar gastos de envío, pero tampoco quieren perder la comodidad y la variedad que les ofrece la aplicación.

Los repartidores quieren mejores tarifas, pero si uno se desconecta, otro se lleva su propina.

Este modelo funciona porque han creado un sistema donde, aunque ninguna de las tres partes esté 100% feliz, el costo de salirse del juego (unilateralmente) es peor que el de quedarse. Es un equilibrio tenso, caro y fascinante. Es teoría de juegos pura llevada a tu puerta en moto.

En resumen: si alguna vez te preguntas por qué pagamos tres euros más por que nos traigan unas patatas que podríamos comprar caminado cinco minutos, o por qué las empresas valen miles de millones sin tener beneficios, recuerda que estamos todos atrapados en un juego económico donde cada uno hace lo que le conviene individualmente..., aunque colectivamente a veces no tenga ni pies ni cabeza.

Y ahora, cada vez que te llegue un pedido, podrás decir: «Ah, aquí llega mi equilibrio de Nash con extra de salsa picante».

«

El infierno no son los otros, como decía Sartre. El infierno son las estrategias dominantes de los otros.

»

(Tu profesor de economía en un atasco de tráfico)

EL DILEMA DEL COMENSAL (O POR QUÉ ODIAS PAGAR A ESCOTE)

Este es el ejemplo definitivo de por qué necesitamos entender el equilibrio de Nash. Imagina una cena con diez amigos. Se decide pagar a escote (dividir la cuenta en partes iguales).

Tú pensabas pedir una ensalada y un agua (quince euros). Pero tu amigo, el «espabilado», pide solomillo y un vino de reserva (cincuenta euros). Tu cerebro hace un cálculo rápido de teoría de juegos:

- Si pides ensalada, pagas parte del solomillo del otro (subvencionas su lujo).
- Si tú también pides solomillo, el coste extra se diluye entre diez. Te sale «barato» pedir caro.

¿Qué ocurre? Que todo el mundo pide lo más caro de la carta. La cuenta final es astronómica, nadie ha disfrutado realmente de la comida (porque estás enfadado con el del solomillo) y todos salís perdiendo dinero. Felicidades, acabáis de replicar un fallo de mercado en una pizzería.

CAPÍTULO 24

Consejos canallas

AQUÍ NO VAS A ENCONTRAR *tips* edulcorados ni promesas de riqueza rápida. Esto es una llamada al ring: cinco lecciones duras como un muro de hormigón, cinco verdades que separan a los tiburones de los peces de colores. Si crees que el mercado es un casino donde el azar decide tu suerte, mejor cambia de canal. Aquí manda quien muerde el suelo y vuelve a levantarse. Ponte los guantes, que vamos a desgranar lo que realmente marca la diferencia entre los mejores inversores... y el resto del rebaño.

CONTROL EMOCIONAL Y DISCIPLINA

«

Tu peor enemigo en el mercado
no es el algoritmo de Goldman Sachs,
eres tú frente al espejo.

»

El parqué no perdona al que se desmaya de emoción o se hunde en el pánico. Cuando los precios suben, sientes que eres invencible; cuando caen, quieres huir gritando. Los cracs no son más listos: son más fríos. Tienen su plan tatuado en la frente, siguen sus reglas y se ríen de su ego.

Una escena canalla...

Imagínate a Marcos, novato con tres meses en bolsa. Ve una acción dispararse un 20% y compra sin dudar. Al día siguiente, recorta un 15% y vende con la boca seca. Se fue feliz... y volvió a casa sin un euro. Ahora imagina al veterano Rubén, que apaga el móvil antes de operar, abre su diario de *trading*, repasa sus reglas y ejecuta solo lo que está en su manual de eficiencia (*playbook*). Esa es la diferencia.

Herramientas clave

- Registro de operaciones de *trading*/inversión: utiliza programas como Notion, Excel o Edgewonk. Define los niveles de pérdida máxima (*stop-loss*) y el objetivo de ganancia (*take-profit*) antes de entrar.
- Meditación o *mindfulness* diario con aplicaciones como Headspace o Waking Up.

GESTIÓN DEL RIESGO POR ENCIMA DE LA RENTABILIDAD

«

No se trata de cuánto ganas cuando aciertas, sino de cuánto pierdes cuando te equivocas.

»

La rentabilidad es golosa. El control de riesgo, aburrido..., hasta que te salva el pellejo. Los cracs viven para pelear otro día. Saben que si aniquilan su capital en dos operaciones malas, no queda revancha.

Una escena canalla...

Paula arriesga el 10% de su cuenta en cada operación porque «siempre gana». Tres malas decisiones y adiós al barco. En cambio, David, que aplica la regla del 1%, encaja la embestida, se toma un café y vuelve a pelear mañana.

Herramientas clave

- Valor en riesgo (VaR).
- *Drawdown* (mayor caída acumulada en el valor de la inversión) máximo permitido.

Mantén una **diversificación inteligente** (activos, sectores, países...) y sigue la **regla del 1%:** no te juegues más del 1% del capital por *trade*.

PENSAMIENTO INDEPENDIENTE

«

Si estás cómodo con tu decisión, probablemente estás con la mayoría..., y eso suele ser mala señal.

»

Los rebaños van donde el ruido apunta. Los cracs buscan el silencio, la anomalía. No esperan que los aplaudan: se conforman con que la cifra final sea positiva. Porque el gran dinero entra cuando pocos lo ven.

Una escena canalla...

Víctor compra criptos porque su grupo de WhatsApp vibra. Dos semanas después, piden rescates. A contracorriente, Noelia lee informes alternativos, disecciona datos, monta *premortems* y apuesta cuando todos venden.

Un ***premortem*** es una técnica de gestión que consiste en imaginar que un proyecto ha fracasado para identificar las causas que podrían llevar al fiasco.

Herramientas clave

- Diagrama *premortem:* imagina por qué tu inversión puede estallar.
- Lectura contraria: medios financieros alternativos.
- Evaluación de viabilidad (*backtesting*) de ideas con TradingView o QuantConnect.

APRENDIZAJE CONTINUO Y HUMILDAD ESTRATÉGICA

«

En cuanto crees que ya lo sabes todo, el mercado te suelta una bofetada que te vuelve humilde.

»

Nadie sobrevive con las rentas del ego. Los mercados cambian, las correlaciones giran, las reglas mutan. Al que asoma la cabeza y no aprende se la parten.

Una escena canalla...

Alberto presume de su racha y descuida el análisis. Llega un «cisne negro» y lo deja en calzoncillos. Mientras, Laura diseña *posmortems* semanales de cada acierto y fallo, repara sus cicatrices y afila su estrategia.

> Un ***posmortem*** es la evaluación detallada de un proyecto o inversión que se realiza *a posteriori* para identificar qué funcionó bien y qué no.

Herramientas clave

- Lectura constante: libros, cartas de fondos, entrevistas a inversores top.
- *Posmortem* semanal o mensual de todas las decisiones.
- Curaduría de mentores (reales o virtuales).

HORIZONTE LARGO Y PACIENCIA ESTRATÉGICA

«

El mercado es una máquina de transferir dinero del que se aburre al que espera.

»

Las fortunas de verdad se cuecen a fuego lento. El ansia de resultados exprés es una trampa mortal. Los ganadores compran bien y aguantan, sin pestañear.

Una escena canalla...

Sergio grita «¡pánico!» y liquida tras una corrección del 5%. En cambio, Candela aplica una estrategia disciplinada y constante de inversión a largo plazo (*dollar cost averaging* o DCA, por sus siglas en inglés), mientras construye un imperio para dentro de diez años.

Herramientas clave

- DCA: compras periódicas sin mirar el ruido.
- *Backtests* históricos a diez o veinte años.
- Seguimiento de carteras con Portfolio Visualizer o Koyfin.

> Un ***backtest*** (o *backtesting*) es una prueba retrospectiva para evaluar cómo habría funcionado una estrategia de inversión o de *trading* en el pasado.

CIERRE CANALLA Y REALISTA

No eres especial. Nadie te debe un céntimo. El mercado no tiene corazón, ni va a aplaudir tu valentía. Pero si tienes las narices de mantener la cabeza fría, la paciencia de cavar tu zanja a largo plazo y la disciplina de ejecutarlo sin chistar..., puede que acabes jugando en ligas donde los demás apenas sueñan con entrar.

Y ahí, amigo, es donde reside la verdadera riqueza.

Epílogo

HAS RECORRIDO UN camino de gigante: de las lecciones aburridas de Buffett al sangriento campo de batalla de la competencia de Bertrand, de las curvas de indiferencia (del mismo modo que las curvas de una amante, son tentadoras pero peligrosas) a los equilibrios de Nash, donde todos pierden pero nadie se atreve a moverse. Ahora conoces la verdad más sucia del capitalismo: una inversión triunfante se cocina con un 20% de números bien afilados, un 30% de psicología blindada contra el pánico y un 50% de capacidad para mantener el culo pegado a la silla cuando tu cartera se desploma como un suflé en una discoteca.

«

El mercado es un todo a cien:
si compras un paraguas un día de lluvia,
pagarás por él el triple

»

LA CARTERA Y EL PULSO

Tu cartera debe ser más estable que el pulso de un cirujano borracho operando a su suegra: no la mires cada dos minutos como quien acecha el perfil de su ex en Instagram a las tres de la madrugada. Esta obsesión es una manifestación perfecta de la falacia del costo hundido, ese sesgo cognitivo que te hace aferrarte a decisiones pasadas como si fueran la última cerveza en el desierto.

Aprende a usar los buscadores o filtros de acciones (*screeners* financieros) como si fuesen Tinder para capitalistas: desliza a la derecha en esas acciones con un precio razonable (PER bajo) y un flujo de caja libre (FCF, lo que suena a plata en la caja) consistente, y manda a la mierda a las que solo exhiben múltiplos inflados y promesas tan vacías como los discursos políticos en año electoral. En términos de la teoría de carteras de Markowitz, no pongas todos tus huevos en la misma cesta, a menos que quieras hacer una tortilla de arrepentimiento cuando el mercado estornude.

VOLATILIDAD: ESA AMANTE CAPRICHOSA

Cuando el índice de volatilidad esperada (VIX) se dispare como tu presión arterial después de cinco cafés, recuerda la paradoja del riesgo idiosincrático: la volatilidad es tu amiga cuando compras y tu enemiga cuando vendes. Los mercados eficientes son los unicornios financieros: todo el mundo habla de ellos, pero nadie los ha visto en persona.

Si ves que todo se desmorona y sientes ese vacío en el estómago que solo superan las resacas después de los treinta, recuerda esta regla macroeconómica infalible: Hacienda siempre sale de la partida con la ficha ganadora, aplicando una discriminación impositiva perfecta que haría llorar al mismísimo Ramsey. Pero tú puedes llevarte las migajas aplicando la *estrategia minimax:* minimiza la exposición fiscal maximizando deducciones legales.

Porque, al final, si no te ríes cuando la bolsa te juega una mala pasada (técnicamente llamada *corrección de mercado* para que no suene a puñalada), te quedarás solo con la sensación de haber sido víctima de una externalidad negativa no compensada.

LOS CHARLATANES DE LA ABUNDANCIA

Y ojo con el problema del principal-agente, encarnado en esos gurús de Instagram que no conducen yates comprados con sus estrategias de inversión, sino con las comisiones que te sacan por venderte cursos inútiles. Esto representa una asimetría informativa clásica: ellos saben que es todo humo, tú crees que hay fuego.

Cada vez que alguien te prometa «garantías millonarias» o «retornos seguros», aplica el teorema de Arrow sobre la imposibilidad.

El **teorema de Arrow** dice que en un mercado con información imperfecta es matemáticamente imposible que todos ganen simultáneamente.

Piensa en esas gambas al ajillo que prometen placer gastronómico pero acaban quemándote el estómago si te pasas de goloso. Son la encarnación perfecta de los rendimientos marginales decrecientes: la primera es gloria, la décima es indigestión.

EL ÚLTIMO TEOREMA DEL INVERSOR

La utilidad marginal del dinero disminuye con cada euro ganado, pero la utilidad marginal de una cerveza bien fría con amigos mantiene una función creciente constante. Este es un equilibrio de Pareto superior a cualquier cartera diversificada.

P.D.: si llegas a forrarte aplicando la teoría de juegos en mercados ineficientes, invítanos a una caña (bien fría, por favor). Y si acabas como víctima de una burbuja especulativa, siempre podrás practicar el *deep value inves-*

ting con unos churros en la Plaza Mayor: elasticidad precio-demanda favorable, satisfacción marginal máxima y ninguna deslocalización productiva por medio.

Como dijo Keynes antes de morirse: «A largo plazo todos estaremos muertos»,[3] pero a corto plazo algunos estaremos de resaca. La diferencia entre un genio financiero y un idiota es simplemente el *timing*... y un poco de suerte brutal que nadie admite.

¡Salud financiera y buena cartera, cabrón!

EL VERDADERO DIVIDENDO

Al final del camino, cuando las velas del mercado se apagan y las pantallas muestran su último parpadeo, queda una verdad que ningún índice bursátil puede medir: la riqueza que realmente importa.

Has leído sobre acciones infravaloradas y fondos indexados, sobre ratios y tendencias. Has calculado rentabilidades y sopesado riesgos. Pero permítenos ahora hablar del activo más volátil y valioso que jamás poseerás: tu tiempo.

El silencio de una mañana en que no suena la alarma porque no tiene que sonar. La risa de un hijo al que puedes recoger del colegio sin consultar a nadie. La paz de

---

3 Keynes, J. M. (2000). *A tract on monetary reform*. Prometheus.

una decisión tomada desde la libertad, no desde la necesidad. Estos son los verdaderos intereses compuestos de una vida bien invertida.

Muchos perseguimos espejismos financieros creyendo que la próxima adquisición, el próximo ascenso o el próximo cero en la cuenta corriente nos traerá esa paz que tanto anhelamos. Corremos tras señales de estatus que no son más que contratos de esclavitud disfrazados de éxito: hipotecas más grandes, compromisos más extensos, cadenas doradas más pesadas.

Pero quizá la inversión más audaz que puedas hacer hoy no está en ningún mercado de valores.

Está en atreverte a redefinir qué significa para ti *prosperar.* Está en la valentía de decir «no» a lo que todos persiguen. Está en la rebeldía de medir tu patrimonio en amaneceres tranquilos.

El verdadero arte de la inversión no consiste solo en multiplicar el dinero, sino en convertirlo en algo infinitamente más valioso: la autonomía de despertar cada día y reconocer que tu vida te pertenece.

No estamos hablando de renunciar a la ambición, sino de darle un propósito más noble. No se trata de conformarse con menos, sino de aspirar a mucho más: más control sobre tus días, más presencia en los momentos importantes, más capacidad para decir «es suficiente» cuando realmente lo es. Cuando comprendes que cada euro que acumulas es simplemente tiempo que compras para el futuro, la ecuación cambia. Ya no buscas dinero por el dinero mismo, sino por la libertad que representa: libertad para elegir, para crear, para estar.

Los mercados subirán y bajarán. Las tendencias financieras vendrán y se irán. Pero la moneda del tiempo solo se gasta una vez, sin posibilidad de recompra, sin opciones de futuros ni dividendos acumulados.

Quizá el indicador más fiable de tu prosperidad no sea tu declaración de la renta, sino tu capacidad para dormir sin preocupaciones y despertar sin prisas. Tu habilidad para estar completamente presente cuando alguien a quien amas necesita tu atención. Tu libertad para perseguir aquello que te hace sentir vivo, aunque no tenga sentido en ninguna hoja de cálculo. La fórmula es aburrida, sí. Invertir con sensatez. Gastar menos de lo que ganas. Valorar la libertad por encima de las posesiones. Construir despacio. Perseverar cuando nadie más lo hace.

Pero te prometemos algo: cuando mires atrás dentro de diez, veinte o treinta años, no recordarás el modelo de tu coche ni la marca de tu reloj. Recordarás las mañanas en que pudiste quedarte un poco más en la cama junto a quien amas. Las tardes en que pudiste sentarte a contemplar el atardecer sin mirar el reloj. Los momentos en que pudiste decir «sí» a la aventura porque tenías el colchón financiero para permitírtelo.

Así que sí, aprende sobre inversiones. Edúcate sobre finanzas. Multiplica tu capital.

Pero no olvides nunca para qué lo estás haciendo. No es para morir rico, sino para vivir libre.

El mercado más difícil de conquistar no está en Wall Street ni en la City de Londres. Está en tu propio corazón, donde cada día se negocia el valor real de tu vida.

Es ahí donde debes invertir primero.

Y es ahí donde, si lo haces bien, obtendrás el único rendimiento que verdaderamente importa: una vida que, al final del camino, puedas contemplar con la serena satisfacción de quien supo en qué valía la pena invertir.

Porque la verdadera riqueza no se deposita en bancos. Se acumula en momentos. Se preserva en recuerdos. Y se heredará en el ejemplo que dejas a quienes te importan.

Esa es la única cartera que realmente cuenta.

Y hasta aquí nuestros sermones, viajes y locuras varias. Esperamos haberte inspirado, acompañado, hecho reír. Porque, al fin y al cabo, de eso se trata.

Te escribiremos muy pronto, contamos contigo.

Tu revolución financiera no ha hecho más que empezar.

Un abrazo bursátil,

Los Marcos:

MARCO POZZI

ÁLVARO MARTÍNEZ-MARCO

Agradecimientos

DICEN QUE PARA criar a un niño hace falta una tribu. Para escribir un libro sobre dinero y vida hace falta un ejército de paciencia, mucho café y un apoyo incondicional. Estas páginas no son solo nuestras; son el dividendo emocional de todos los que invirtieron en nosotros cuando este proyecto solo era una idea en una servilleta.

DE MARCO POZZI...

Siempre he creído que la mejor herencia que podemos dejar no es material, sino el ejemplo de que las metas, por lejanas que parezcan, se pueden alcanzar con perseverancia. Este libro es la materialización de uno de mis grandes sueños, un proyecto que vivió durante mucho tiempo en mi cabeza y que hoy, por fin, tiene peso y forma entre mis manos.

Quiero dedicar cada página a mis hijos. Ellos son mi motor y mis mejores amigos. Mi deseo no es solo que aprendan de estas líneas, sino que sean testigos de que su padre luchó por lo que quería. Que este libro sea un puente entre nosotros, una excusa para compartir más tiempo, para debatir, para aprender juntos y para demostrarles que, con pasión, trabajo y suerte, algunos sueños se cumplen.

También va para todos los emprendedores, empresarios, gerentes y asesores financieros con los que he compartido insomnio, reuniones interminables y algún que otro fracaso instructivo. He aprendido muchísimo de vosotros, y vuestra energía me ha convertido en quien soy hoy como empresario. Porque esto no va de lo que nos guste a uno u otro, sino de lo que funciona. Y eso solo se aprende trabajando, con los que se la juegan cada día.

Esto es para vosotros, por el tiempo que me regaláis y la inspiración que me dais a diario.

DE ÁLVARO MARTÍNEZ-MARCO...

Dicen que escribir es un acto solitario, pero llegar hasta el punto final es imposible sin una red que te sostenga cuando las fuerzas flaquean. Este libro lleva mi nombre en la portada, pero en su ADN lleva el esfuerzo, el cariño y la paciencia de las personas que constituyen mi mundo. Por ello, estas líneas van dedicadas con todo mi amor a mis padres y a mi hermana: vosotros sois la raíz de todo lo que soy y el refugio al que siempre puedo volver.

También quiero extender mi gratitud a esas personas imprescindibles que, a veces desde la sombra y otras veces de la mano, me siguen levantando cuando tropiezo. A quienes creyeron en mí incluso cuando yo dudaba y me recordaron que rendirse no era una opción. Gracias por ser mi soporte, por vuestra lealtad inquebrantable y por empujarme a ser mejor cada día. Este logro es tan vuestro como mío. Gracias, de corazón.